全民禁毒
知识手册

王新建 著

中国华侨出版社
·北京·

图书在版编目（CIP）数据

全民禁毒知识手册/王新建著. -- 北京：中国华侨出版社, 2025. 9. -- ISBN 978-7-5113-9596-2

Ⅰ. D669.8-62

中国国家版本馆CIP数据核字第2025JG4290号

全民禁毒知识手册
QUANMIN JINDU ZHISHI SHOUCE

著　　者：王新建

责任编辑：唐崇杰

经　　销：新华书店

开　　本：710毫米×1000毫米　　1/16开　　印张：12　　字数：160千字

印　　刷：天津睿意佳彩印刷有限公司

版　　次：2025 年 9 月第 1 版

印　　次：2025 年 9 月第 1 次印刷

书　　号：ISBN 978-7-5113-9596-2

定　　价：49.80 元

中国华侨出版社　　北京市朝阳区西坝河东里77号楼底商5号　　邮编：100028

发行部：（010）64443051

如发现印装质量问题，影响阅读，请与印刷厂联系调换。

前言

这些年来，毒品一直是全世界的一大公害，我国也是毒品的严重受害国之一。

大家可能从平时的各种媒体、影视作品和周围人们的谈论中对毒品有一定的了解，认为毒品就是鸦片和海洛因。这本身没有错，但是从毒品的性质和种类上来说，还不够准确和全面。根据《中华人民共和国刑法》第 357 条的规定：毒品是指鸦片、海洛因、甲基苯丙胺（冰毒）、吗啡、大麻、可卡因以及国家规定管制的其他能够使人形成瘾癖的麻醉药品和精神药品。

认识毒品是为了预防和根治毒品，避免危害的产生。

当前，全球毒品问题仍处于加剧扩散期，一些国家和地区的毒品问题持续泛滥，制造、贩卖、滥用毒品问题严重，毒品来源、吸毒人员、毒品种类不断增多，毒品问题已成为全球性的社会顽疾。

在毒品问题全球化的大背景下，中国毒品形势依然严峻复杂，境外毒品渗透不断加剧，国内制毒问题日益突出，毒品滥用问题持续蔓延，对社会危害更加严重。国内毒品问题将在相当长的一段时间内持续发展蔓延，禁毒工作面临着巨大压力和严峻挑战。结合当前的社会现状，在我国开展有效的毒品预防教育，努力防止涉毒违法犯罪和刑事违法犯罪的发生，积极参与毒品斗争是每个公民不可推卸的义务。

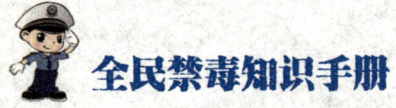

　　那么，如何辨别毒品？毒品的危害有哪些？国家的禁毒工作如何开展？如何科学有效地戒毒？如何避免复吸？戒毒人员如何重新融入社会？

　　本书从这六个最为关键的角度切入，在普及毒品基本知识的基础上，在全国诸多戒毒机构的帮助下，通过专业真实的案例、科学有效的方法、先进的科技手段及广泛的社会支持力量，总结出诸多切实可行的戒毒经验，帮助普通读者认识毒品，远离毒品，如果能够为全国各地的戒毒机构略尽微薄参考之力，那更是一份荣幸。

目 录

第一章 毒品概述

一、毒品的界定 / 002

二、常见毒品及其种类 / 005

三、常见吸毒方式 / 017

四、毒品识别 / 021

五、毒品的来源与流通 / 025

六、毒品市场的现状与变化趋势 / 027

第二章 毒品的危害

一、毒品对个人的危害 / 034

二、毒品对家庭的危害 / 042

三、毒品对社会的危害 / 048

第三章　禁毒工作：零容忍，重拳出击

一、零容忍：国家态度，法律利剑　/　054

二、重拳出击：多管齐下，综合治理　/　059

三、全民参与：共筑禁毒防线　/　066

第四章　戒毒之路：科学重构生命

一、认清现实——为什么必须戒毒　/　074

二、觉醒之路——找到戒毒动力源　/　078

三、科学脱瘾——四维干预体系　/　086

四、戒毒模式选择——四大科学路径　/　096

五、决战时刻——破解三大生死关　/　106

六、戒毒科学工具箱　/　116

七、司法戒毒统一模式——"四区五中心"　/　127

第五章　拒绝复吸：构建终身的防御体系

一、复吸：隐匿在暗处的"致命旋涡" / 136

二、隐形陷阱：识别复吸的诱因 / 140

三、防御策略：四大核心防线 / 145

四、实战应对：高危情境的破解之道 / 151

五、终身防御：科技与制度的保障 / 154

六、成功典范：重生的力量 / 156

第六章　融入社会：从"边缘"到"共生"

一、法律框架与社会融入政策支持 / 164

二、心理调适：重塑自我认知——从"戒毒者"到

　　"社会贡献者" / 166

三、身份重塑：从"边缘人"到"社会共建者" / 170

四、社会支持系统：构建"接纳—赋能—共生"网络 / 173

五、可持续发展：从"被救助"到"创造价值" / 176

六、效果验证：当数字开始说话 / 178

七、监督评估与长效机制 / 181

第一章
毒品概述

毒品，如同潜伏在社会阴暗角落的恶性毒瘤，无情地侵蚀着人类的健康，严重破坏着社会的稳定，阻碍着经济的发展。其危害程度之深，影响范围之广，远远超出人们的想象。毒品问题，绝非仅仅关乎个人的生命安全与身心健康，更与整个社会的安宁和发展紧密相连。因此，深入了解毒品知识，成为我们筑牢抵御毒品侵害防线、坚决打击毒品犯罪的关键所在。在本章，我们将从毒品的定义与分类、吸毒的方式、毒品的来源与流通以及新型毒品的崛起这几个核心方面，对毒品问题展开全面且深入的剖析。

一、毒品的界定

（一）毒品定义

1. **法律层面**：在法律层面，毒品有着清晰且严格的界定。以我国为例，《中华人民共和国刑法》第 357 条明确规定，毒品是指鸦片、海洛因、甲基苯丙胺（冰毒）、吗啡、大麻、可卡因以及国家规定管制的其他能够使人形成瘾癖的麻醉药品和精神药品。此外，《中华人民共和国禁毒法》也从多个角度对毒品相关的违法犯罪行为、禁毒工作的开展等进行规范，进一步强化了对毒品的管控。法律之所以对毒品做出如此严格的定义，是因为毒品的非法使用、交易等行为，会严重扰乱社会秩序，对公民的生命健康构成巨大威胁。一旦有人触犯法律，参与毒品相关的违法活动，必然会受到严厉的法律制裁。例如，走私、贩卖、运输、制造毒品，无论数量多少，都将被追究刑事责任，予以刑事处罚。这充分体现了法律对毒品零容忍的坚决态度，旨在从源头上遏制毒品的泛滥，保护公民的生命安全和社会的和谐稳定。

2. **医学层面**：从医学角度来看，毒品是一类能够对人体中枢神经系统产生显著影响的特殊物质。它们具有潜在的依赖性，一旦被滥用，就会对人体健康造成难以估量的严重损害。以海洛因为例，当它进入人体后，会迅速代谢为吗啡，吗啡能够与中枢神经系统的阿片受体紧密结合，不仅能够抑制疼痛信号的正常传递，还会刺激大脑中的多巴胺释放。多巴胺作为一种神经递质，与人体的愉悦感受和奖赏机制密切相关，这就使得吸食者能够在短时间内产生强烈的欣快感。然而，这种欣快感只是短暂的假象，长期吸食海洛因会导致身体对其产生耐受性，吸食者需要不断增加剂量才能达到相同的效果。长此以往，吸食者身体的各个器官，如心脏、肝脏、肾脏等，都会受到严重的损害，甚至危及生命。

3. 社会层面：站在社会层面，毒品无疑是破坏社会稳定、家庭幸福及个人发展的罪魁祸首。吸毒者一旦成瘾，往往会陷入难以自拔的深渊。他们不仅在身体上遭受毒品的侵蚀，出现免疫力下降、身体机能衰退等各种健康问题，在心理上也会产生严重的依赖，性格变得孤僻、暴躁，甚至出现精神障碍。这些问题进而会引发一系列家庭问题和社会问题。在家庭中，吸毒者可能会为了获取毒资而耗尽家庭积蓄，导致家庭破裂，亲人离散；在社会上，吸毒者为了满足毒瘾，可能会走上盗窃、抢劫等犯罪道路，使得犯罪率上升，严重影响社会的和谐与安宁。同时，社会为了应对毒品问题，需要投入大量的人力、物力和财力，这无疑给社会带来了沉重的负担。

（二）毒品的特征

1. 依赖性：毒品的依赖性是其危害人体的重要特性，分为生理依赖和心理依赖。

生理依赖：毒品进入人体后，会作用于中枢神经系统，使身体机能发生适应性改变。以海洛因为例，长期吸食后，人体会逐渐适应海洛因的存在，内分泌系统、免疫系统等都会受到影响。一旦停止吸食，身体会启动"戒断反应"机制，出现诸如肌肉疼痛、痉挛、腹泻、呕吐、打哈欠、流泪、流涕等症状，这些生理反应极为痛苦，让吸毒者难以忍受，从而促使他们不断寻找毒品来缓解。

心理依赖：毒品对大脑的奖赏系统产生强烈刺激，使吸毒者在心理上对毒品产生极度渴望。这种渴望不仅是一种单纯的欲望，更是一种难以抗拒的执念。例如，长期吸食冰毒的人，会对冰毒带来的兴奋感和欣快感产生强烈依赖，在日常生活中，脑海中不断浮现吸食冰毒后的感受，对毒品的追求超越了对其他事物的兴趣，甚至忽视家庭、工作和社会责任。即便在生理戒断反应消失后，心理上对毒品的依赖仍然可能持续很长时间，这也是戒毒者复吸率较高的重要原因。

2.危害性：毒品的危害广泛而深远，涉及个人、家庭和社会多个层面。

对个人身心健康的危害：毒品对人体器官的损害是多方面的。海洛因、吗啡等阿片类毒品会抑制呼吸中枢，长期使用可导致呼吸功能减退，甚至引发呼吸衰竭；冰毒等苯丙胺类毒品则会对大脑神经细胞造成不可逆的损伤，导致记忆力下降、认知功能障碍、精神分裂等精神疾病。据医学研究表明，长期吸食毒品的人群，患心血管疾病、肝脏疾病、免疫系统疾病的概率大幅增加，身体免疫力急剧下降，容易感染各种传染病。

对家庭的危害：吸毒往往会使家庭陷入经济困境。吸毒者为了获取毒资，会不惜花费大量金钱购买毒品，导致家庭财产迅速耗尽。同时，吸毒引发的家庭矛盾也十分常见，夫妻之间会因为一方吸毒而产生信任危机，争吵不断，最终导致家庭破裂。对子女而言，生活在吸毒家庭中的孩子，往往缺乏关爱和良好的教育环境，其心理和成长都会受到严重影响，有的孩子甚至会因为父母吸毒而走上违法犯罪的道路。例如，某地一个家庭，父母都吸毒，孩子无人照顾，长期流落街头，最终沾染不良习惯，因盗窃被公安机关处理。

对社会秩序的危害：毒品犯罪是社会治安的重大隐患。为了获取毒品和毒资，吸毒者常常会铤而走险，实施盗窃、抢劫、诈骗等违法犯罪行为。此外，毒品的生产、贩卖过程也伴随着暴力、黑恶势力等违法活动，严重扰乱社会秩序。在一些毒品泛滥的地区，社会治安状况急剧恶化，居民的安全感和生活质量大幅下降，经济发展也受到严重阻碍。

3. 管制性：鉴于毒品的巨大危害，我国对毒品实行严格的管制措施。

法律规定：《中华人民共和国刑法》《中华人民共和国禁毒法》等法律法规对毒品的生产、制造、运输、贩卖、持有等行为都作出了明确的定罪量刑规定。非法种植罂粟、大麻等毒品原植物，非法持有毒品，走私、贩卖、运输、制造毒品等行为，都将受到法律的严厉制裁。根据毒品的种类和数量，犯罪者可能面临有期徒刑、无期徒刑甚至死刑，并处罚金或没收财产。

监管体系：我国建立了完善的毒品监管体系，从源头管控毒品原植物的种植，到打击毒品的生产、流通和消费环节。公安机关、海关、药品监管部门等多部门协同合作，加大对毒品犯罪的打击力度。同时，对易制毒化学品也实行严格的管制，防止其流入非法渠道用于制造毒品。在国际合作方面，我国积极参与国际禁毒合作，与其他国家共同打击跨国毒品犯罪，维护全球禁毒秩序。

二、常见毒品及其种类

（一）传统毒品

1. 阿片类毒品

鸦片（Opium）：从罂粟植物提取的天然毒品，主要成分是吗啡和可待因。吸食鸦片能使人体产生欣快感，有镇静效果，但极易成瘾。旧中国鸦片泛滥，中华民族深受其害。鸦片呈黑色或褐色膏状，酸涩气味明显，包装简陋，如油纸包裹或密封小盒，无正规标识。

识别时，若见到类似沥青但质地更软的膏状物，且散发特殊酸涩味，基本可判断为鸦片。此外，用手触摸鸦片，会感觉其有一定的黏性，且不易散开。将鸦片放在火上加热，会产生特殊的烟雾和气味，与普通物质燃烧的气味有明显区别。

罂粟

吗啡（Morphine）：从鸦片中提取的强效镇痛药，成瘾性强。长期使用身体和心理都会对其产生依赖。吗啡为白色结晶粉末，若发现类似白砂糖却更细腻、无产品说明的白色粉末，且来源不明，可能是吗啡。

吗啡常被装在小玻璃瓶或塑料自封袋中，无正规包装标识。可通过专业化学试剂检测，若与特定试剂产生特征反应，则可能是吗啡。另外，在显微镜下观察吗啡粉末，其晶体结构呈现出规则的形状，与普通白色粉末的晶体结构不同。同时，吗啡粉末在水中的溶解性较好，溶解后溶液澄清透明，若有杂质则可能混有其他物质。

海洛因（Heroin）：由吗啡化学合成的强效阿片类毒品，成瘾性极强。吸食后欣快感强烈，但长期使用严重损害身体，引发心理问题。海洛因多为白色或灰白色细腻粉末，若看到类似精制面粉且更滑的白色粉末，可怀疑其是海洛因。

常被装在薄透明塑料袋中，无文字说明。用手指捻搓海洛因粉末，会感觉比面粉更加细腻、光滑，且有一定黏性。此外，海洛因燃烧时会产生特殊的火焰颜色和气味，火焰颜色偏蓝，气味刺鼻且不同于一般物质燃烧的气味。将海洛因粉末放在白色纸张上，用手指轻轻按压，会留下明显的痕迹，且痕迹不易擦拭干净。

海洛因

2. 大麻类毒品

大麻（Cannabis）：从大麻植物提取，主要成分是四氢大麻酚（THC）。

吸食大麻会产生欣快感、幻觉，一旦成瘾长期吸食影响记忆力和注意力，尤其危害青少年大脑发育。大麻是由干燥绿色植物叶子或花朵制成，叶脉明显，燃烧有特殊气味。若看到此类植物且闻到特殊气味，需警惕。包装较随意，如塑料袋或简易纸包。

识别时，注意其叶片形状，大麻叶一般呈掌状分裂，有 3 ~ 9 个裂片，且边缘有锯齿。另外，大麻叶表面有细小的绒毛，触摸时会有粗糙的感觉。大麻的茎部相对较硬，有一定的韧性，折断后会有纤维状的物质露出。

大麻叶

大麻树脂（Hashish）：大麻植物提取的浓缩物，THC 含量高，危害更大。呈块状，颜色深，多为棕色或黑色。若发现不明深色块状物，质地硬且有大麻气息，可能是大麻树脂。包装可能是用锡纸或小铁盒，无产品介绍。

可通过观察其表面纹理鉴定。大麻树脂表面通常有不规则的纹路，类似树的年轮。此外，用手轻轻敲击大麻树脂，会发出清脆的声音，而不是沉闷的声音。将大麻树脂放在火上加热，会迅速融化并产生大量烟雾，烟雾中带有特殊的大麻气味。

3. 其他传统毒品

恰特草（Khat）：常见于非洲和阿拉伯半岛的一种软性毒品。新鲜时像苋菜，茎红叶绿；晒干后类似茶叶。含兴奋物质卡西酮，咀嚼时能刺激中枢神经使人上瘾。若看到类似苋菜或干茶叶、有青草气味且来源不明的植物，要警惕。可能用塑料袋、编织袋包装，或直接捆绑成束，无正规标识。新鲜恰特草的茎部较脆，轻轻一折就会断开，且断面会渗出少量白色汁液。另外，恰特草的叶子在揉搓后会有特殊的汁液流出，汁液颜色较浅，有一定的黏性。恰特草的气味较为独特，与普通蔬菜和茶叶的气味不同，仔细闻会有一股淡淡的刺鼻气味。

恰特草

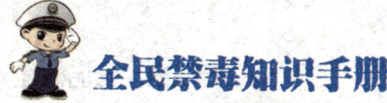

（二）合成毒品

1. 苯丙胺类毒品

冰 毒（Methamphetamine）： 一种强效中枢神经系统兴奋剂，吸食后欣快感和兴奋感强烈。一旦成瘾，长期使用会导致严重心理依赖，损害大脑神经细胞，引发精神疾病。冰毒为白色结晶，类似冰糖，加热有刺鼻气味。

冰毒

若看到类似冰糖且加热有刺鼻气味的白色结晶，可能是冰毒。常被装在透明塑料袋中，简单封口，无产品信息。将冰毒放在火上加热，会迅速融化并产生白色烟雾，同时伴有刺鼻气味，这是识别冰毒的简易方法之一。此外，冰毒的晶体表面较为光滑，有一定的光泽，在灯光下会闪烁。冰毒的晶体大小相对均匀，不像普通冰糖的晶体大小差异较大。用手触摸冰毒晶体，会感觉其较为坚硬，且有一定的凉感。

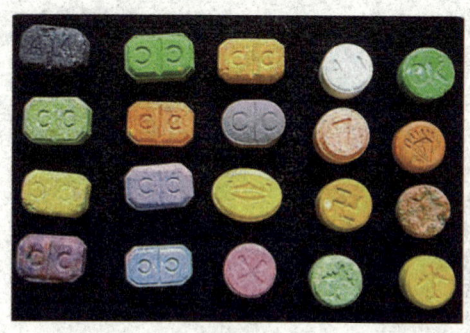

摇头丸

摇头丸（MDMA）： 具有兴奋和致幻作用，常出现在娱乐场所。吸食后欣快感、幻觉明显，易导致身体脱水、电解质紊乱，损害大脑神经细胞。摇头丸形状多样，有片剂、丸剂，其表面可能印图案或字母。

在娱乐场所发现不明片剂、丸剂，包装简陋且有奇怪图案字母，要警惕。部分摇头丸带有香味，如水果香、奶香等，以此吸引吸食者，但这也是其被识别的重要特征之一。另外，摇头丸的片剂表面通常较为光滑，颜色鲜艳，有一定的硬度。有些摇头丸的图案和字母是通过特殊工艺印制的，用手触摸会有凹凸感。将摇头丸放在水中，可能会有轻微的溶解现象，且溶液颜色会发生变化。

2. 氯胺酮类毒品

氯胺酮（Ketamine）：一种麻醉剂，有致幻作用，常出现在娱乐场所。吸食后产生幻觉、欣快感，长期使用损伤泌尿系统。氯胺酮为白色粉末，若在娱乐场所发现来源不明的白色粉末，装在小塑料袋或小药瓶中且无标识，可能

氯胺酮

是氯胺酮。将氯胺酮粉末溶解在水中，溶液呈澄清透明状，若有杂质或变色，则可能混有其他物质。此外，氯胺酮粉末在灯光下观察，会有细微的反光颗粒。氯胺酮的味道略带苦涩，若不慎接触到口腔，会有明显的苦涩感。将氯胺酮粉末放在白色纸张上，用手指轻轻划动，会留下一条白色的痕迹，且痕迹不易被吹散。

3. 新精神活性物质（NPS）

合成大麻素（Synthetic Cannabinoids）：人工合成类似大麻的物质，作用强，成瘾性高，成分复杂，严重损害神经系统，可能导致急性精神障碍。外观多样，像草药或液体。该类制品多以香料、花瓣、烟草、电子烟

油等形态出现，代表制品包括"小树枝""香料""香草烟"等。若发现类似草药有特殊气味的物质，或不明液体有怪味，包装简易无正规标签，可能是合成大麻素。如果是草药状的合成大麻素，其叶子形状可能与天然大麻叶有细微差别，需要仔细辨别。此外，草药状的合成大麻素在燃烧时产生的烟雾颜色和气味与天然大麻

小树枝

有所不同，其烟雾颜色可能更浓，气味更刺鼻。液体状的合成大麻素在晃动时，其流动性和普通液体不同，可能会有一些黏稠感。

合成卡西酮（Synthetic Cathinones）：人工合成类似可卡因的物质，兴奋作用强烈，成瘾性极高。卡西酮类物质已达上百种，常以"浴盐""植物肥料""除草剂""研究性化学品"等名称伪装出售，多是粉末和片剂。使用后心跳加速、血压升高、出现幻觉，危害心血管和神经系统。多为白色或淡黄色粉末，若看到不明粉末颜色符合且包装简陋无生产信息，可能是合成卡西酮。合成卡西酮在显微镜下观察，其晶体结构与其他常见粉末毒品不同，呈现出独特的形状。此外，合成卡西酮粉末在水中的溶解性与普通白色粉末不同，溶解速度可能较慢，且溶液可能会有一些混浊。将合成卡西酮粉末放在手中揉搓，会感觉其有一定的颗粒感，且颗粒相对较大。

（三）其他常见毒品

1. 致幻剂

LSD（麦角酸二乙基酰胺）：一种强效致幻剂，吸食后幻觉和欣快感

强烈。长期使用导致严重心理依赖，使用者可能会人格解体、精神错乱，甚至因幻觉做出危险行为。通常以极小纸片形式存在，上有各种图案，也有液体形式。若发现极小纸片且有奇怪图案，或不明液体装在极小瓶子、特殊纸包里且无说明，可能是LSD。

LSD 纸片（邮票状）

LSD 纸片上的图案通常色彩鲜艳、设计夸张，与普通印刷图案有明显区别。此外，LSD 液体在光照下可能会有特殊的荧光反应，不同类型的 LSD 液体荧光颜色可能不同。LSD 纸片的质地较为特殊，比普通纸张更薄、更脆，轻轻一撕就会断裂。

裸盖菇素（Psilocybin）： 从某些蘑菇中提取的致幻剂，吸食后会产生幻觉、欣快感。食用含裸盖菇素的蘑菇后，食用者能看到奇幻景象，常面临迷失自我、恐惧焦虑的精神风险。这类蘑菇颜色鲜艳、形态特殊，若在野外发现，切勿采摘食用。含裸盖菇素的蘑菇菌盖上可能有黏液，且菌柄基部有时会膨大。

裸盖菇

另外，含裸盖菇素的蘑菇通常生长在特定的环境中，如潮湿的森林、草地等。这些蘑菇的菌褶颜色也较为特殊，可能是黑色、棕色或紫色等。用手触摸蘑菇的菌盖，会感觉其表面有一定的黏性，且可能会有一些细小的颗粒附着。

2. 镇静催眠药

巴比妥类药物（Barbiturates）： 一种强效镇静催眠药，长期使用会产生身体和心理依赖。突然停药会引发戒断症状，严重时会惊厥、昏迷甚至死亡。多为片剂或胶囊，若发现来源不明、包装无正规药品信息，仅有简单字母数字标识的片剂或胶囊，可能是巴比妥类药物。可通过查看药品的国药准字号辅助辨别，若无法查询到相关信息，极有可能是非法的巴比妥类药物。此外，巴比妥类药物的片剂表面可能有一些刻痕或标记，这些标记可能与正规药品的标记不同。将巴比妥类药物的片剂放入水中，其溶解速度相对较慢，且溶液可能会有一些混浊。胶囊的外壳材质也可能与正规药品不同，质地可能较软或较硬。

苯二氮䓬类药物（Benzodiazepines）： 一种常用镇静催眠药，长期使用也会导致依赖。滥用会影响认知和行为能力，增加意外事故风险。识别方法与巴比妥类药物类似，若发现不明片剂或胶囊，包装简陋且无正规标识，可能是苯二氮䓬类药物。部分苯二氮䓬类药物在紫外线照射下会发出特定颜色的荧光，可作为辅助识别手段。此外，苯二氮䓬类药物的片剂形状和颜色可能较为多样，有些片剂可能有特殊的味道。将苯二氮䓬类药物的片剂放在白色纸张上，观察其表面是否有杂质或斑点。胶囊的内容物可能是粉末状或颗粒状，可通过轻轻摇晃胶囊来判断。

3. 其他特殊毒品

γ-羟基丁酸（GHB，Gamma-Hydroxybutyate，俗称迷奸水）： 通常为无色、无味、无臭的液体，是一种中枢神经系统抑制剂。常被犯罪分子用于性犯罪，混入饮料让人不知不觉失去意识。有成瘾性，长期使用会损害身体，影响呼吸系统，导致记忆力减退。在娱乐场所或可疑场景中，发现不明无色透明液体，且装在无标识小瓶子、吸管或饮料容器中，要高度警惕。若饮料口感、味道异常，或自己出现不明原因的困倦、头晕症状，更要怀疑被下药。可使用专门的检测试剂识别，若试剂与液体接触后发生颜色变化，则该液体可能含有 γ-羟基丁酸。此外，γ-羟基丁酸的液体在晃动时，其流动性与普通水略有不同，可能会有一些轻微的黏稠感。将 γ-羟基丁酸的液体滴在白色纸张上，液体干燥后可能会留下一些淡淡的痕迹。

　　笑气（Nitrous Oxide）：一种常用麻醉剂，吸入后会产生欣快感和幻觉。长期使用会导致维生素 B_{12} 缺乏，引发神经系统病变，肢体麻木、无力等。常被装在金属罐中，通过特殊装置吸入。若看到不明金属罐带特殊吸入装置且无正规标识，可能是装笑气的容器。笑气罐的阀门设计较为特殊，与普通气体罐阀门有明显区别。此外，笑气罐的重量相对较轻，摇晃时会有轻微的液体晃动声音。笑气罐的表面可能会有一些生产厂家的标识或编号，但这些标识可能模糊不清或不规范。在打开笑气罐阀门时，会有气体喷出，气体无色无味，但喷出时可能会有一些轻微的嘶嘶声。

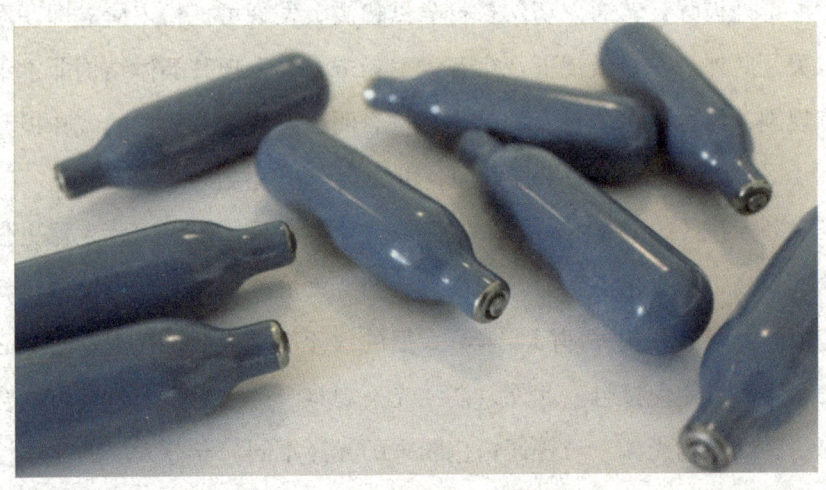

笑气

胶水、汽油等挥发性有机溶剂类：吸入会产生欣快感和幻觉，但一旦成瘾长期使用会严重损害呼吸系统和神经系统，导致肺部疾病、记忆力减退、智力下降等人体损害。有明显刺鼻气味。若闻到刺鼻气味，且发现简易无标签塑料瓶中装有不明液体，要警惕。通过观察液体的流动性和挥发性，如胶水的流动性较差，而汽油挥发性强，可作初步判断。此外，胶水的颜色可能较为多样，有透明的、白色的、黄色的等，且胶水在涂抹后会有黏性。汽油的气味较为独特，与其他液体的气味有明显区别，且汽油在挥发后会在空气中留下一些特殊的气味分子。将汽油滴在纸张上，纸张会迅速浸湿，且汽油会迅速挥发，留下一些油渍。

（四）新型毒品

1. 芬太尼类毒品

芬太尼（Fentanyl）：强效阿片类镇痛药，作用比吗啡强 50 ~ 100 倍，成瘾性极高。过量使用会导致呼吸抑制甚至死亡。为白色粉末，若发现来源不明、包装简陋的白色粉末出现在可疑场景中，要警惕是芬太尼。由于芬太尼毒性极强，普通人切勿自行尝试检测，发现可疑粉末应立即联系公安机关。此外，在显微镜下观察芬太尼粉末，会发现其晶体结构非常细小且有规则，与普通白色粉末的晶体结构有明显差异。芬太尼的气味极其微弱，几乎难以察觉，但如果仔细闻，可能会有一丝淡淡的特殊气味。

卡芬太尼（Carfentanil）：超强效阿片类毒品，作用比芬太尼更强，危险性极高，极少量可致命。识别方法与芬太尼类似，发现可疑白色粉末需谨慎，及时联系相关部门。卡芬太尼的致死剂量极低，在识别时务必保持安全距离，避免接触。此外，在强光下观察卡芬太尼粉末，其可能会呈现出一些细微的光泽，与普通白色粉末的光泽不同。卡芬太尼的化学性质非常稳定，在一般环境下不易发生变化，但如果与某些特殊试剂接触，可能会产生特殊的化学反应。

2. 合成阿片类毒品

U-47700（4-二氯苯甲酰胺）：合成阿片类毒品，作用类似海洛因，成瘾性极高。过量使用可能导致死亡，损害呼吸系统和心血管系统。为白色粉末。若发现不明白色粉末，包装无标识，可能是 U-47700。在强光下观察 U-47700 的粉末，可能会发现其有细微的闪烁颗粒，与普通白色粉末有所不同。此外，U-47700 粉末在水中的溶解性相对较差，溶解后溶液可能会有一些混浊。将 U-47700 粉末放在手中揉搓，会感觉其颗粒相对较细，且有一定的黏性。

MT-45：合成阿片类毒品，作用类似海洛因，成瘾性极高。过量使用会导致死亡，对身体危害与其他合成阿片类毒品相似。多为白色粉末，若看到来源不明、包装简陋的白色粉末，要怀疑是 MT-45。MT-45 的化学性质与其他毒品有差异，可通过专业的化学分析仪器进行鉴别。此外，MT-45 粉末在加热时会产生特殊的气味和烟雾，烟雾颜色可能偏黄，气味刺鼻。在显微镜下观察 MT-45 的晶体结构，其呈现出独特的形状，与其他白色粉末的晶体结构不同。

三、常见吸毒方式

（一）吸入（Smoking）

把毒品加热后吸入其产生的烟雾，像大麻、海洛因、冰毒等都常采用这种吸入方式。这种方式在吸毒者群体中别称"追龙"。吸食大麻时，特制的烟斗较为常见，其材质多为陶瓷、玻璃或金属。烟斗内部通常设计有过滤装置，能在一定程度上减少吸食时杂质的吸入。

吸食冰毒用的"冰壶"通常是由塑料瓶或玻璃瓶简单改造而成，在瓶盖上打孔并插入吸管，瓶内盛装少量水用于过滤烟雾，以降低烟雾对呼吸道的直接刺激。这种吸毒方式之所以被部分吸毒者选择，是因为起效迅速，能让吸毒者在短时间内体验到强烈的欣快感。

但它对呼吸系统的损害堪称巨大，长期采用这种方式吸毒，极易引发呼吸道感染，常见症状如咳嗽、咳痰、发热等；还会大大增加患肺部疾病的风险，像肺气肿、肺癌等严重疾病都可能接踵而至。例如，在对一些长期吸食大麻的人群进行的肺部功能检测数据显示，他们的肺活量明显低于常人，且肺部纹理紊乱，炎症反应频发。

（二）注射（Injecting）

把毒品溶解后通过静脉注入体内，海洛因、冰毒等毒品常被如此滥用。吸毒者使用的一次性注射器，多是没有正规医疗器械标识的"三无"产品。为了便于携带，他们会将注射器放置在特制的小盒子里，盒子内还可能同时装有用于溶解毒品的小药瓶，以及搅拌用的玻璃棒等辅助工具。静脉注射能让毒品迅速进入血液循环，进而快速抵达大脑，所以起效速度极快，带给吸毒者的欣快感也异常强烈。

这种方式隐藏着极大的健康风险，极易传播感染性疾病，艾滋病便是其中最为人熟知的。在一些吸毒群体聚集的地区，因共用注射器导致艾滋病传播的案例屡见不鲜。曾有一项针对吸毒人群的调查显示，在共用注射器吸毒的群体中，艾滋病的感染率高达 30%，这一数据令人触目惊心。

（三）口服（Oral Ingestion）

直接吞服毒品，或者将毒品巧妙混入食物、饮料中服用，摇头丸、LSD 等毒品常被以此方式吸食。摇头丸常常被伪装成外观诱人的糖果、维生素片等，让不知情者极易误食。吸毒者会直接吞服这些伪装后的摇头丸。

而 LSD，若是纸片形式，吸毒者会将其小心放在舌下含服，通过舌下丰富的毛细血管让毒品快速吸收；若是液体形式，则可能被滴在糖果、饼干等食物上，以隐蔽的方式食用。口服毒品的方式起效相对较慢，但其作用时间长。

长期口服毒品，对消化系统的损害不容小觑，会引发胃痛、胃溃疡等疾病，很多长期口服毒品的吸毒者，常常遭受胃痛的折磨，严重影响生活质量；还会导致食欲不振，身体日渐消瘦，健康状况急剧恶化。

（四）鼻吸（Snorting）

将毒品粉末通过鼻腔吸入，可卡因、冰毒等常被以这种方式吸食。吸毒者常用塑料吸管进行鼻吸，也有用卷成细管状的纸来替代吸管。鼻吸毒品起效较快，能让吸毒者较快感受到毒品带来的刺激。

鼻吸方式对鼻腔黏膜的损害十分严重，长期鼻吸毒品，吸毒者的鼻腔黏膜会反复受到刺激，出现糜烂、出血等症状，严重时甚至会导致鼻中隔穿孔，这不仅会严重影响呼吸功能，还会给患者带来极大的痛苦，如呼吸时疼痛、鼻腔有异物感等。

（五）贴敷（Transdermal）

把毒品制成贴片，通过皮肤吸收，芬太尼贴片就是这类吸食方式的典型。芬太尼贴片一般呈方形或圆形，表面带有一层黏性物质，可直接牢固地贴在皮肤上，常见的贴敷部位有手臂、胸部、背部等。吸毒者为了避免被他人发现，会刻意用衣物进行遮挡。这种吸毒方式起效慢，作用时间长，相对较为隐蔽。

长期使用会导致皮肤过敏，出现皮疹、瘙痒等不适症状；还可能引发药物蓄积中毒，对身体多个器官如肝脏、肾脏等造成损害，影响其正常功能。

（六）吸入剂（Inhalants）

通过吸入挥发性物质（如笑气、胶水、汽油等）来获取欣快感。吸食笑气时，需使用带有特殊阀门的金属罐，并搭配专门的吸入装置，比如带有长管的面具。在一些所谓的"派对"场合，常常能看到有人手持这种面具，周围散落着空笑气罐，这是一种非常危险的吸毒方式。吸食胶水、汽油等有机溶剂时，有人会将有机溶剂倒在敞口容器中，直接凑近嗅闻；也有人会用浸泡过有机溶剂的布条捂住口鼻，吸入其挥发的气体。在废弃建筑、地下停车场等场所，如果发现有大量被随意丢弃的胶水、汽油容器，且现场弥漫着刺鼻气味，极有可能是有人在此吸食有机溶剂。

这种吸毒方式起效快，但对呼吸系统和神经系统的损害堪称毁灭性的。长期吸入笑气会严重影响维生素 B_{12} 代谢，导致神经系统发生病变，如肢体麻木、步态不稳、记忆力减退等，严重时甚至会造成不可逆的神经损伤。而吸入胶水、汽油等有机溶剂，会强烈刺激呼吸道，引发咳嗽、气喘、呼吸困难等症状，长期积累还可能导致肺部组织受损，引发肺部疾病，如肺炎、肺纤维化等。同时，这些有机溶剂还会对神经系统产生毒害作用，导致头晕、头痛、注意力不集中、智力下降等问题，严重影响使用者的身心健康和正常生活。

为了更清晰地了解不同吸毒方式的危害差异，我们通过以下表格对部分流行的吸毒方式的危害进行对比（见表1-1）。

表1-1　吸毒方式的危害

吸毒方式	主要危害	感染疾病风险	对身体器官的直接损害	成瘾速度
注射	毒品直接进入血液，起效迅速，对身体危害最为直接和严重	极高，共用注射器极易感染艾滋病、肝炎等传染病	容易导致血管硬化、栓塞等血管疾病，过量注射可直接导致死亡	最快，短时间内即可成瘾

（续表）

吸毒方式	主要危害	感染疾病风险	对身体器官的直接损害	成瘾速度
吸食	对呼吸系统危害较大	较高，吸食过程中产生的烟雾中的有害物质易引发呼吸道感染	长期吸食会导致呼吸道感染、肺部疾病，如支气管炎、肺气肿等	较快，多次吸食后容易成瘾
口服	对胃肠道黏膜和肝肾功能损害较大	相对较低，但长期口服可能因免疫力下降感染其他疾病	引起胃炎、胃溃疡、肠炎等消化系统疾病，加重肝脏和肾脏代谢负担，损害肝肾功能	相对较慢，但长期大量服用仍易成瘾

四、毒品识别

毒品识别对于防范毒品危害至关重要，以下从外观特征、包装特点和气味差异三方面详细介绍识别方法。

（一）观察外观特征

不同毒品各自具有独特的外观，这是识别的重要线索。比如鸦片是黑色或褐色膏状；海洛因呈白色或灰白色细腻粉末；冰毒类似冰糖，为白色结晶；摇头丸形状多样，有片剂、丸剂，可能印有图案或字母；大麻是干燥绿色且叶脉明显的植物叶子或花朵；可卡因和氯胺酮多为白色粉末；LSD常见于极小纸片且带奇特图案，也有液体形态；裸盖菇素存在于颜色鲜艳、形态特殊的蘑菇中；巴比妥类与苯二氮草类药物多为片剂或胶囊；γ-羟基丁酸是无色、无味、无臭液体；笑气装在金属罐中；胶水、汽油等有机溶剂装在瓶状容器中；芬太尼、卡芬太尼、U-47700、MF-45等新型毒品多为白色粉末（见表1-2）。

表1-2　毒品外观特征一览表

毒品名称	外观特征
鸦片	黑色或褐色膏状
海洛因	白色或灰白色细腻粉末
冰毒	白色结晶，类似冰糖
摇头丸	形状多样，有片剂、丸剂，可能印有图案或字母
大麻	干燥绿色植物叶子或花朵，叶脉明显
可卡因	白色粉末
氯胺酮	白色粉末
LSD	极小纸片，有奇特图案；也有液体形态
裸盖菇素	存在于颜色鲜艳、形态特殊的蘑菇中
巴比妥类药物	片剂或胶囊
苯二氮䓬类药物	片剂或胶囊
γ－羟基丁酸	无色、无味、无臭的液体
笑气	装在金属罐中
胶水、汽油等有机溶剂	装在常见的瓶状容器中
芬太尼、卡芬太尼、U-47700、MT-45	白色粉末

（二）查看包装特点

　　毒品包装往往隐蔽且特殊，常采用小塑料袋、铝箔纸包装，无标识或仅有简单标记。一些伪装成零食的新型毒品，包装虽与正规零食相似，但印刷粗糙、文字模糊、材质较差。摇头丸可能用简单塑料薄膜包装；冰毒常见于透明塑料袋，简单封口；氯胺酮常装在小塑料袋或小药瓶中；合成大麻素、合成卡西酮常用简易瓶子或袋子装且无正规标签；LSD液体装在极小瓶子中；来源不明的巴比妥类与苯二氮䓬类药物的包装无正规药品信息，只有简单字母或数字标识；γ-羟基丁酸可能装在无标识小瓶子、吸管或饮料容器中；笑气罐无正规标识；胶水、汽油等有机溶剂装在无标签塑料瓶中；可疑的白色粉末状毒品的包装通常简陋无说明（见表1-3）。

表1-3　毒品包装特点一览表

毒品名称	包装特点
鸦片	可能用油纸包裹或密封小盒，无正规标识
海洛因	常装在薄透明塑料袋中，无文字说明
冰毒	透明塑料袋，简单封口，无产品信息
摇头丸	可能用简单塑料薄膜包装， 或有奇怪图案字母的简易包装
大麻	塑料袋或简易纸包
可卡因	小塑料袋、铝箔纸包装，无标识或简单标记
氯胺酮	小塑料袋或小药瓶，无标识
LSD	极小纸片可能无包装；液体装在极小瓶子中
裸盖菇素	无特殊包装，野外生长
巴比妥类药物	来源不明时，包装无正规药品信息， 仅有简单字母数字标识
苯二氮䓬类药物	来源不明时，包装无正规药品信息， 仅有简单字母数字标识
γ-羟基丁酸	无标识小瓶子、吸管或饮料容器
笑气	金属罐，无正规产品标识
胶水、汽油等有机溶剂	无标签塑料瓶
芬太尼、卡芬太尼、 U-47700、MT-45	来源可疑时，包装简陋，无任何说明

（三）留意气味差异

不少毒品有着独特气味，大麻燃烧有烧焦麻绳味，冰毒加热散发刺鼻气味，鸦片有酸涩气味，可卡因有苦味，大麻树脂有大麻类植物特殊气息，合成大麻素有类似草药特殊气味，合成卡西酮粉末无明显特殊气味但混入其他物品可能改变原有气味，胶水、汽油等有机溶剂有明显刺鼻气味。不过通过气味识别时要格外谨慎，防止自身受到危害（见表1-4）。

表1-4　毒品气味特征一览表

毒品名称	气味特征
鸦片	酸涩气味
海洛因	无明显特殊气味（需结合其他方式识别）
冰毒	加热有刺鼻气味
摇头丸	部分有香味（如水果香、奶香等），也有无味情况
大麻	燃烧有烧焦麻绳味；正常状态有特殊植物气味
可卡因	苦味（闻气味方式识别较难，需结合其他特征）
氯胺酮	无明显特殊气味（需结合其他方式识别）
LSD	无明显特殊气味（需结合其他方式识别）
裸盖菇素	无明显特殊气味（需结合其他方式识别）
巴比妥类药物	无明显特殊气味（需结合其他方式识别）
苯二氮䓬类药物	无明显特殊气味（需结合其他方式识别）
γ-羟基丁酸	无色、无味、无臭
笑气	无明显特殊气味（需结合包装等识别）
胶水、汽油等有机溶剂	明显刺鼻气味

（续表）

毒品名称	气味特征
芬太尼、卡芬太尼、U-47700、MT-45	无明显特殊气味（需结合其他方式识别）

识别毒品需要综合多方面因素判断，若发现可疑物品，应及时联系公安机关，切勿自行处理，以保障自身和他人安全。

五、毒品的来源与流通

（一）毒品的生产来源

毒品的生产主要集中在一些特定的地区，这些地区由于地理位置、经济发展和社会环境等多种因素的影响，成为毒品种植和生产的重灾区。其中，"金三角""金新月""银三角"是世界上最为著名的三大毒品产地。

"金三角"：位于泰国、缅甸和老挝边境地区，这里地势复杂，多为山地和丛林，交通不便，政府管控难度较大。同时，该地区经济落后，当地居民生活贫困，毒品种植和生产成为一些人获取经济利益的手段。"金三角"主要以种植罂粟为主，是世界上鸦片和海洛因的主要产地之一。从罂粟的种植到鸦片的提炼，再到海洛因的加工制作，该地区形成了一条完整的产业链。

"金新月"：位于阿富汗、巴基斯坦和伊朗边境地区，该地区同样由于地理位置偏远、政治局势不稳定等，毒品生产猖獗。"金新月"主要种植罂粟和大麻，近年来，随着国际社会对毒品打击力度的加大，该地区的毒品生产也在不断调整，新型毒品和合成毒品的生产有逐渐增加的趋势。

"银三角"：位于南美洲哥伦比亚、秘鲁和玻利维亚交界处，这里气候温暖湿润，适合古柯的生长。古柯是制作可卡因的主要原料，"银三角"因此成为世界上最大的可卡因产地。除了古柯种植和可卡因生产，该地区也存在一定规模的大麻种植和其他毒品的生产。

从生产环节来看，传统毒品主要从天然植物中提取加工，如鸦片从罂粟中提取、可卡因从古柯叶中提取。新型毒品和合成毒品则多在秘密实验室中通过化学合成方法制造。这些秘密实验室通常隐藏在偏远的山区、废弃的工厂或民宅中，虽设备简陋，但生产技术不断更新，给打击毒品犯罪带来了极大的困难。

（二）毒品的流通渠道

毒品的流通渠道十分复杂，涉及国际和国内多个环节。在国际上，毒品主要通过海运、空运、陆运等方式运往世界各地。

海运时，毒品通常被藏匿在集装箱、货物中，利用大型货轮的运输进行走私；空运是通过将毒品伪装成普通货物，利用航班进行运输；陆运则是通过汽车、火车等交通工具，将毒品从边境地区运往内陆城市。在国内，贩毒分子会将毒品从边境地区运往内陆城市，通过各种隐蔽的方式进行分销。他们利用快递、人体藏毒等手段，将毒品送到吸毒者手中。

近二十年来，互联网的迅速发展也为毒品交易提供了新的渠道。一些贩毒分子利用网络平台进行毒品交易，他们在社交软件、暗网等平台上发布毒品信息，通过线上沟通、线下交易的方式进行毒品买卖。这种新型的毒品交易方式具有很强的隐蔽性和便捷性，给执法部门的打击工作带来了极大的挑战。

六、毒品市场的现状与变化趋势

（一）市场现状

随着全球打击毒品犯罪力度的不断加大，毒品市场也在持续发生变化。一方面，传统毒品的生产和流通受到了一定程度的遏制。国际社会通过加强合作，共同打击毒品原材料的种植和生产，切断毒品的供应源头。同时，各国也加大了对毒品走私和贩运的打击力度，使得传统毒品的交易量有所下降。

为了更直观地了解毒品市场的变化趋势，我们通过以下表格展示近年来不同类型毒品的市场占比变化（见表1-5）。

表1-5 不同类型毒品市场占比分析表

年份	传统毒品占比/%	新型毒品占比/%	合成毒品占比/%
2015 年	60	25	15
2017 年	50	30	20
2019 年	40	35	25
2021 年	30	40	30

（二）发展趋势

近年来，随着各国禁毒力度的持续加大，传统毒品的泛滥态势在一定程度上得到了有效遏制。然而，新型毒品与合成毒品却暗流涌动，呈现出日益猖獗的泛滥趋势。其隐蔽性强、形式多样、传播迅速的特性，对社会秩序和民众安全，尤其是青少年群体，构成了极为严重的威胁。新型毒品的迅速蔓延，不仅反映出毒品市场在利益驱使下的复杂多变，更深刻揭示

了毒品问题背后深层次的社会矛盾与隐患。

1. 新型毒品的隐蔽性与多样化

新型毒品制作工艺相对简单，无须复杂设备与高端技术，这使得不法分子能够在隐蔽场所大量生产。此类毒品成本低廉，但在市场上却能以数倍甚至数十倍的价格售出，巨大的利润空间驱使犯罪分子铤而走险。相较于传统毒品易于辨认的特征，新型毒品在外观和包装上极具迷惑性。它们常巧妙伪装成日常生活中的常见物品，令人防不胜防。犯罪分子还利用"时尚""潮流"等噱头，抓住某些人（尤其是年轻人）追求新奇、渴望与众不同的心理，诱导其陷入毒品的泥沼。

伪装成食品：新型毒品常伪装成"跳跳糖""奶茶""巧克力"等深受青少年喜爱的零食。这些伪装后的毒品，外观与普通食品几近相同，包装设计甚至更为精美诱人，色彩鲜艳、图案可爱，还散发着迷人香气。例

新型毒品的伪装

如，伪装成"跳跳糖"的毒品，颗粒大小、颜色与真跳跳糖相差无几，包装上印有各类卡通形象；伪装成"奶茶"的毒品，无论是包装材质、图案，还是冲泡后的色泽、气味，都与正常奶茶极为相似。青少年在毫无防备的情况下，极易将其当作普通零食误食。

伪装成电子烟： 近年来，含有合成大麻素的电子烟在年轻人中悄然流行。不法分子将这类电子烟打着"无害""时尚"的旗号，在社交媒体、线下潮流店铺大肆宣传。其外观与普通电子烟并无明显区别，造型设计甚至更加酷炫时尚，吸引了众多年轻人的关注。然而，这些电子烟含有高成瘾性的合成大麻素，吸食后会对人体神经系统造成严重损害，引发幻觉、焦虑、抑郁等精神症状。

伪装成药品： 部分不法分子利用年轻人对健康和形象的追求心理，将新型毒品包装成"减肥药""提神药"等。这些伪装成药品的毒品，不仅在包装上模仿正规药品，印有各类专业术语和功效说明，还通过网络、朋友圈等渠道进行销售。例如，一些所谓的"减肥药"，声称服用后可快速减肥且无任何副作用，实际上却含有毒品成分，长期服用不仅会对身体造成严重伤害，还会导致成瘾。

这种不断升级的伪装手段，极大地增加了毒品识别的难度，致使许多人在不知不觉中陷入毒品陷阱，对其身心健康造成了难以挽回的损害。

2. 虚假宣传与网络传播的助推

新型毒品的迅速泛滥，与虚假宣传和网络传播密切相关。一些不法贩毒分子，利用网络平台和社交媒体的开放性与广泛性，肆意传播"新型毒品不上瘾""危害小"等荒谬错误信息。这些虚假宣传如同病毒般在网络空间迅速扩散，逐渐侵蚀着人们对毒品的正确认知。社会阅历不足、辨别是非能力较弱的部分群体，极易轻信这些不实言论。在好奇心的驱使下，他们放松了对毒品的警惕，甚至主动尝试，从而一步步陷入毒品

的深渊。

此外，网络平台的匿名性和传播速度为毒品的扩散提供了便利。一些不法分子利用暗网的隐蔽性，在其中建立毒品交易平台，进行毒品买卖。他们通过加密通信工具、虚拟货币等方式逃避监管和打击。同时，在社交群组、论坛等网络社交平台上，也时常出现毒品的宣传和交易信息，这些信息往往以隐晦方式发布，如使用暗语、图片暗示等，使得监管难度大幅增加。

3. 青少年群体的高风险性

青少年无疑是新型毒品的主要受害群体，这一现象与他们自身的心理特征及所处的社会环境紧密相关。

好奇心与冒险心理：青少年时期充满好奇和探索欲望，对新鲜事物热情高涨，渴望尝试各种未知体验。这种心理特性使他们容易成为不法分子的目标，被诱导尝试毒品。例如，一些不法分子在学校周边、娱乐场所等青少年喜欢聚集之地，以"新奇体验""免费尝试"等为诱饵，吸引青少年上钩。

社交压力与从众心理：在青少年的社交生活中，社交压力和从众心理影响显著。在一些社交场合，青少年为了融入群体或展现个性，可能在同伴的怂恿下尝试毒品。比如，在某些所谓的"派对"上，吸食新型毒品被错误地视为一种时尚的社交方式，一些青少年为了不被同伴排斥，选择随波逐流，尝试毒品。

缺乏毒品危害认知：许多青少年对毒品的危害缺乏正确认识，往往只看到毒品带来的短暂刺激和快感，而忽视其背后隐藏的巨大危害。加上新型毒品的虚假宣传，使其更容易低估毒品的成瘾性和危害性。例如，一些青少年认为吸食新型毒品只是一种"时髦"行为，不会对自己造成太大影响，实际上一旦沾染，便难以自拔。

　　通过对常见毒品的种类、识别方法以及吸毒方式的详细了解，我们应时刻保持警惕，增强自我保护意识。无论是在日常生活中，还是在社交、娱乐等活动里，都要对身边可能存在的毒品隐患保持高度的警觉。对于疑似毒品的物品，不要随意触碰、尝试，一旦发现涉毒行为，务必及时向公安机关举报，为净化社会环境贡献自己的力量。让我们共同努力，坚决抵制毒品，守护我们的健康家园，让毒品无处遁形，让生活充满阳光与希望。

第二章
毒品的危害

毒品，作为现代社会最为棘手的公害之一，其危害程度之深、范围之广，犹如一颗毒瘤，深深嵌入社会的各个层面，不仅严重摧残个体的身心健康，还对家庭的和睦稳定、社会的正常秩序及国家安全构成极为深远的威胁。本章将在第一章的基础上，进一步全面且深入地剖析毒品对个人、家庭及社会所产生的多重危害，旨在清晰地揭示其对社会秩序与公共安全的严重威胁，以此提升大众对毒品危害的认知。

一、毒品对个人的危害

（一）身体健康的损害

1. 大脑功能的严重损伤

大脑堪称人体的"指挥部"，肩负着调控人体各项生理功能与认知活动的重任。像甲基苯丙胺（冰毒）这类兴奋剂类毒品，能以极快的速度穿透血脑屏障，对大脑神经细胞及神经递质系统发起猛烈攻击，造成严重的损害。长期吸食毒品，会让神经细胞的结构发生明显改变，神经突触连接断裂，进而引发一系列严重的认知问题，如认知功能障碍、记忆力急剧减退、注意力难以集中等，病情严重者甚至可能发展为痴呆。

美国国立卫生研究院（NIH）的研究表明，长期吸食冰毒的人群中，约有 70% 会出现不同程度的认知功能受损。国内的相关医学研究也显示出类似的结果，如北京大学第六医院的一项针对吸毒人群的临床研究发现，在长期吸食冰毒的患者中，80% 存在不同程度的认知功能障碍，其中 30% 的患者认知功能受损严重，接近阿尔茨海默病水平。

2018 年，广东省某医院收治了一名年仅 28 岁的长期吸食冰毒的患者。由于长期吸毒，其大脑灰质体积显著萎缩，记忆力严重衰退，连自己的姓名和住址都无法记住，经诊断，其认知功能已接近阿尔茨海默病水平。他曾经是一个热爱生活、积极向上的年轻人，有着不错的工作和社交圈子。但自从沾染冰毒后，他的生活逐渐失控，工作丢了，朋友也远离了他。如今，他只能躺在医院的病床上，眼神空洞，对周围的一切都显得茫然无知，曾经的美好人生已彻底破碎。

2. 对心脏系统的破坏

　　毒品对心脏系统的损害程度超乎想象，以可卡因等毒品为例，它们会对交感神经系统形成强烈刺激，这就像给心脏按下了加速键，导致心率急剧攀升，血压也如坐火箭般迅速蹿升。在短期内，这种异常变化会让心脏承受巨大压力。若是长期接触这类毒品，心脏长期处于超负荷运转状态，极易引发心肌肥厚，心肌组织异常增厚，影响心脏正常收缩与舒张功能；还会造成心律失常，心脏跳动节奏紊乱，严重时甚至可能引发心肌梗死，使心脏供血骤然中断。而静脉注射毒品的行为更会让心脏雪上加霜，这一过程很可能引发感染性心内膜炎，心脏内膜被细菌等病原体侵袭感染，极大地加重心脏负担，严重危及生命。所以，远离毒品是守护心脏健康的关键防线。

　　欧洲心脏病学会（ESC）的研究数据显示，在长期吸食可卡因的人群中，约30%会出现心肌肥厚，20%会发生心律失常。中国医学科学院阜外医院的研究也表明，在吸毒导致的心脏疾病患者中，心律失常的发生率高达40%，心肌梗死的发生率为10%。

　　2019年，上海市一名35岁的可卡因吸食者因突发心肌梗死被紧急送往医院抢救。经检查，其心脏冠状动脉严重狭窄，心肌大面积坏死。医生指出，长期吸食可卡因导致其心脏长期超负荷运转，最终造成了不可逆的损伤。这位患者原本有着健康的体魄，是一名热爱运动的健身爱好者。然而，一次偶然的机会让他接触到了可卡因，从此便陷入了毒品的深渊。随着吸毒频率的增加，他的身体逐渐被掏空，心脏也不堪重负，最终在毫无征兆的情况下突发心肌梗死，生命垂危。

3. 对肝脏功能的破坏

在人体器官体系中，肝脏占据着举足轻重的地位，它承担着主要的解毒重任。然而，毒品却如同隐匿的"杀手"，携带着巨大的危害，时刻威胁着肝脏的健康。以海洛因等阿片类毒品为例，长期吸食后，毒品及其代谢产物会直接对肝脏发起"攻击"。肝脏细胞会出现脂肪变性，原本正常的细胞形态被破坏，大量脂肪堆积其中。同时，炎症反应接踵而至，免疫系统被异常激活，引发肝脏组织的炎症。随着时间的推移，纤维化病变也逐渐显现，肝脏内部纤维组织不断增生，肝脏的正常结构和功能遭到严重破坏。情况严重时，会恶化至肝硬化甚至肝癌，患者的生命健康岌岌可危。

更为严峻的是，吸毒者之间共用注射器的高危行为，使得他们暴露在乙型肝炎、丙型肝炎等传染性疾病的传播风险之下。这些传染病一旦在吸毒群体中传播开来，不仅会进一步加重肝脏的损伤，还会形成恶性循环，给个人和社会都带来难以估量的危害。

世界卫生组织（WHO）的调查显示，在吸毒人群中，因共用注射器感染乙型肝炎、丙型肝炎的比例高达60%。我国疾病预防控制中心的数据也显示，吸毒人群中丙型肝炎感染率高达50%，是普通人群的10倍。

2020年，云南省某戒毒所对100名吸毒人员进行体检，结果令人震惊，其中70%以上存在不同程度的肝脏损伤，30%已发展为肝硬化。其中一名患者因共用注射器感染丙型肝炎，最终发展为肝癌，年仅 40 岁便不幸离世。他原本是一个家庭的顶梁柱，为了赚钱养家来到城市打拼。但在不良朋友的引诱下，他开始吸食海洛因，还与他人共用注射器。随着时间的推移，他的身体越来越差，被查出丙型肝炎后，他仍没有戒掉毒品，最终病情恶化成肝癌，留下了年迈的父母和年幼的孩子，使家庭陷入了无尽的悲痛之中。

（二）心理健康的崩溃

1. 幻觉与现实的混淆

在毒品的危害图谱中，致幻剂类毒品是极为危险的存在，其中麦角酸二乙基酰胺（LSD）尤为典型。LSD 堪称大脑神经递质系统的"破坏者"，一旦进入人体，它便毫无忌惮地干扰神经递质的正常传递。这会使吸毒者陷入一场可怕的感官"风暴"：在视觉上，可能看到五彩斑斓却根本不存在的光影图案，扭曲其周围真实的环境；听觉上，会听见莫名的嘈杂声响或虚幻的声音指令；触觉方面，也会产生各种怪异的感觉，仿佛身体被无形之物触碰。

这些幻觉致使吸毒者彻底丧失分辨现实与虚幻的能力，在失控的精神状态下，极易做出危险行为。据美国药物滥用与心理健康服务管理局（SAMHSA）统计，每年因吸食 LSD 产生幻觉而受伤的案例达数百起。放眼全球，国际禁毒组织相关数据表明，每年因 LSD 等致幻剂类毒品引发的各类伤害事件超过数万起，涉及各个年龄层与各社会阶层。在我国，虽然相关统计数据相对有限，但也不容乐观。根据中国国家禁毒委员会公布的数据，近年来因吸食 LSD 而出现幻觉导致意外事故发生的案例已有数十起。

2017年，北京市一名吸食LSD的年轻人在幻觉中误认为自己能够飞翔，竟从10层高楼纵身跳下，导致全身多处骨折，虽经全力抢救保住了性命，却落下终身残疾。他原本是一名大学生，对未来充满了憧憬。在一次聚会上，他被朋友怂恿尝试了LSD，从此便陷入了可怕的毒品带来的幻觉世界。在那次幻觉发作中，他完全失去了对现实的判断，做出了这一极其危险的举动，不仅自己身体遭受重创，也让家人陷入了巨大的痛苦和经济困境。

2. 抑郁情绪的蔓延

在当代社会，吸毒引发的抑郁情绪蔓延已然成为一个不容忽视的严峻问题。毒品对人体的危害是全方位且极其严重的，尤其是在神经系统层面。长期吸毒，毒品会如同一个疯狂的破坏者，肆意严重破坏大脑神经递质系统的平衡。血清素、多巴胺这类至关重要的神经递质，在毒品的侵蚀下，水平大幅下降。而这些神经递质与抑郁症的发病机制紧密相连，它们的失衡直接为抑郁症的滋生提供了温床。陷入吸毒泥潭的人，生活悄然发生着可怕的变化。他们曾经热衷的事物如今都变得索然无味，对生活彻底丧失兴趣，情绪也始终处于极度低落的状态，仿佛被厚重的乌云笼罩，难以见到一丝阳光。在自我认知方面，不断地进行自我否定，内心满是对自己的批判与质疑。更为严重的是，部分吸毒者在这种抑郁情绪的深渊中会越陷越深，产生了可怕的自杀倾向，他们的生命安全岌岌可危，亟待社会的关注与救助。

国际禁毒组织研究表明，吸毒人群抑郁症发病率比普通人群高出5倍。美国药物滥用与心理健康服务管理局调查显示，吸毒成瘾人群中抑郁症患病率达37%，每年因吸毒引发抑郁症导致的自杀事件众多，给家庭带来巨大灾难。

国内情况同样不容乐观，相关研究显示，吸毒人群中抑郁症患病率高达 40%。某省戒毒所调查发现，戒毒人员中抑郁症检出率为 42.5%，在戒毒过程中，他们因抑郁情绪出现自伤、自残行为，不仅损害自身健康，也给戒毒工作增加了困难。

这些数据表明，吸毒引发的抑郁情绪蔓延已成为全球性公共卫生和社会问题，亟待全社会共同关注，采取有效措施，如加强禁毒宣传教育、完善戒毒康复体系、提供心理干预等，多管齐下，遏制这一问题的恶化。

2019 年，浙江省一名长期吸食海洛因的女性因严重抑郁症在家中自杀身亡。其家属表示，该女子吸毒后性格发生了翻天覆地的变化，长期处于情绪低落状态，最终选择结束自己的生命。她曾经是一个开朗乐观的女孩，有着幸福的家庭和稳定的工作。但吸毒改变了一切，她逐渐变得孤僻、消沉，对任何事情都提不起兴趣。家人虽然多次劝说她戒毒，但都无济于事。最终，她在毒品和抑郁症的双重折磨下，选择了结束自己年轻的生命，给家人留下了无尽的伤痛。

3. 焦虑与不安的加剧

毒品，堪称危害人类健康的严重威胁，其对神经系统的损害具有毁灭性。毒品中所含的各类有害物质，能持续性地干扰神经系统的正常生理功能，使吸毒者长期处于高度敏感状态。他们时常毫无诱因地陷入紧张、恐惧和不安的负面情绪之中，如同被无形的压力紧紧束缚。

这种焦虑情绪，对吸毒者的心理健康造成严重威胁。在日常生活场景下，他们可能因细微的环境变化而产生强烈的惊恐反应，正常的社会交际与日常生活秩序被严重破坏。不仅如此，焦虑情绪还会引发其一系列生理症状，例如心悸，表现为心脏不受自主控制地剧烈跳动；呼吸困难，每一次呼吸都显得异常沉重且艰难。这些生理上的不适进一步加重了吸毒者的心理负担，形成了一个恶性循环，导致其身心健康状况不断恶化。

英国精神药理学会的研究结果表明，约80%的吸毒者存在不同程度的焦虑症状。我国的相关研究数据也显示，吸毒人群中焦虑症的患病率高达50%。这些极具警示性的数据，充分揭示了毒品对个体身心健康的严重危害，同时警示全社会，必须坚决抵制毒品，切实维护公众的身心健康。

2021年，四川省一名吸食冰毒的男子因长期焦虑导致严重失眠，最终在毒瘾发作时持刀威胁家人，被公安机关强制送往戒毒所治疗。他原本是一名勤劳的工人，家庭生活虽然平淡但也幸福。然而，自从沾染冰毒后，他的性格变得暴躁易怒，常常因为一点小事就大发雷霆。长期的焦虑让他无法正常入睡，精神状态越来越差。在毒瘾发作时，他更是失去了理智，做出了伤害家人的行为，最终被公安机关强制戒毒，家庭也因此陷入了混乱。

（三）生活失控

1. 生活秩序的彻底崩溃

一旦坠入吸毒的深渊，吸毒者的生活便会发生天翻地覆的变化。生活作息方面，他们日夜颠倒，生物钟完全紊乱。社交圈子也急剧缩小，只围绕着毒品相关的人和事。家庭关系更是不堪一击，争吵、冷战不断，最终走向破裂。毒品就像一个无情的黑洞，吞噬着吸毒者的生活，让他们在无尽的黑暗中失去自我，失去曾经拥有的一切。吸毒不仅毁掉个人的前途，还会给家庭带来沉重的打击，更对整个社会的稳定和发展造成极大的负面影响。他们原本正常的生活轨迹被彻底打乱，生活重心毫无保留地偏向获取毒品这一行为。在工作与学习方面，旷工、辍学成了吸毒人员的家常便饭，更有甚者，他们会主动抛弃职业发展和学业进步的契机。

国际劳工组织（ILO）的调查数据令人触目惊心，约90%的吸毒者会因吸毒放弃工作或学业。我国的调查结果同样不容乐观，吸毒人群中因吸毒导致失业或辍学的比例高达95%。

2020年，广东省一名原本成绩优异的大学生因吸食冰毒辍学，与家人断绝联系，最终流落街头，靠乞讨为生。他曾经是学校的骄傲，成绩名列前茅，还获得了多项奖学金。然而，一次偶然的机会让他接触到了冰毒，从此便一发不可收拾。他开始逃课、沉迷毒品，成绩一落千丈。最终，他选择辍学，离开了家人和朋友。在毒品的控制下，他失去了生活的方向，只能流落街头，过着饥寒交迫的生活。

2. 自我控制能力的丧失

毒品对人体的危害是多方面且极其严重的，其中对大脑前额叶皮质的损害尤为致命。大脑前额叶皮质在人体中起着关键作用，它负责决策、判断及自我控制等高级认知功能。当毒品侵入人体，其中的有害物质会对前额叶皮质的神经细胞造成不可逆的损伤，破坏神经传导通路，使得神经递质的正常分泌与传递陷入紊乱。

这一系列的生理变化，会直接导致吸毒者的自我控制能力急剧下降。哪怕他们在理智层面十分清楚毒品会给自己的身体、家庭和生活带来毁灭性的打击，可一旦毒瘾发作，那种由毒品造成的生理和心理上的强烈渴望，就会如汹涌潮水般将其理智淹没。他们无法抗拒毒品的诱惑，于是不断地复吸，最终陷入越吸越难戒、越难戒越吸的恶性循环。在这个过程中，他们逐渐失去对生活的规划能力，工作、社交、家庭等各个方面全面崩塌，

最终彻底丧失对生活的掌控权，沦为毒品的奴隶。

联合国毒品和犯罪问题办公室（UNODC）的研究表明，吸毒者复吸率高达 90%。我国的戒毒康复研究也显示，吸毒者的复吸率在 80% ~ 90%。

2018 年，湖南省一名吸毒者多次尝试戒毒，但每次复吸后情况都更加严重，最终因吸毒过量死亡。他深知毒品的危害，也多次下定决心戒毒——去过戒毒所，也尝试过自行戒毒。但每次面对毒品的诱惑，他都无法控制自己，最终选择复吸。随着复吸次数的增加，他的身体和精神状态越来越差，对毒品的耐受性也越来越高，最终在一次吸毒过量后失去了生命，让家人悲痛欲绝。

二、毒品对家庭的危害

（一）家庭关系的破裂

1. 引发频繁的冲突与矛盾

吸毒，这一全球性的社会毒瘤，如同一颗威力巨大的定时炸弹，对家庭关系造成难以估量的破坏。吸毒者一旦深陷毒品的泥沼，便完全受毒品控制。在毒瘾的驱使下，他们为获取毒资常常丧失理智、不择手段。他们会编造各种看似合理的谎言，向家人哭诉自己遭遇的虚假困境，只为骗取钱财去购买毒品。一旦谎言被识破，他们就会趁家人熟睡或外出时，在家中翻箱倒柜地行窃。当家人试图阻止他们的疯狂行为时，他们甚至会对家人暴力相向。这些举动让原本温馨和睦的家庭，瞬间被紧张、恐惧的氛围笼罩。父母痛心疾首，孩子惊恐万分，伴侣失望无助。如此一来，家庭成员之间的争吵与冲突频繁爆发，曾经的欢声笑语不复存在，只剩下无尽的痛苦与绝望，家庭的幸福基石被彻底摧毁。

我国公安部统计数据显示，每年因吸毒引发的家庭冲突案件高达数千起。在毒品问题严峻的地区，这一情况更为突出。如西南某边境城市，由于毒品流入严重，当地因吸毒引发的家庭冲突案件在家庭纠纷案件中占比达 30%，远超全国平均水平。

从国际视角来看，联合国毒品和犯罪问题办公室（UNODC）的报告指出，在全球范围内，因吸毒导致的家庭破裂、暴力冲突事件逐年上升。在美国，每年因吸毒引发的家庭暴力案件超过 10 万起，家庭关系遭受严重冲击。这些触目惊心的数据，无一不在警示着我们，毒品对家庭的危害已到了刻不容缓必须解决的地步。吸毒带来的冲突，给家庭成员造成的不仅是身体创伤，更会留下难以磨灭的精神创伤。

2019 年，江苏省一名吸毒者因向父母索要毒资未果，竟持刀威胁父母，最终被公安机关逮捕。这一事件不仅让其父母身心俱疲，家庭财产也在混乱中遭受损失，周围邻居也因此陷入恐慌。他原本是一个孝顺的儿子，家庭生活和睦。但吸毒后，他变得自私、冷漠，为了得到毒资，不惜伤害自己的父母。当他持刀威胁父母的那一刻，他彻底失去了理智，也让这个家庭陷入了万劫不复的境地。父母在遭受身体和精神的双重打击后，整日以泪洗面，家庭的温暖荡然无存。

2. 令亲情变得疏离与冷漠

在毒品的阴霾笼罩下，吸毒者与家人间的亲情纽带会遭受毁灭性的冲击。毒品成瘾本质上是一种慢性复发性脑疾病，吸毒行为一旦持续，吸毒者大脑的奖赏、动机、记忆等神经回路就会被严重破坏，不仅令其产生难以摆脱的身体依赖，更在心理层面让他们对家人的情感逐渐麻木。家庭成员之间的交流沟通急剧减少，家庭互动近乎消失，曾经紧密的亲情变得摇摇欲坠，家庭关系名存实亡。毒品带来的不只是个体的沉沦，更是无数家庭的悲剧，亟待全社会共同关注，携手抵制毒品，守护家庭的温暖与完整。

从国内数据来看，中国家庭文化研究会的调查显示，约 70% 的吸毒者家庭存在严重的家庭关系疏离问题。放眼国际，联合国毒品和犯罪问题办公室的报告表明，在全球范围内，吸毒导致家庭关系破裂的案例在涉毒家庭总数中占比高达 75% 左右。

2020 年，山东省一名吸毒者因长期吸毒，与妻子离婚，孩子也被送往亲戚家抚养，原本完整的家庭彻底破碎。孩子在成长过程中因缺失父母的关爱，性格变得孤僻内向，学习成绩也一落千丈，对未来充满迷茫。他吸毒后，对家庭的责任感逐渐消失，整天只想着如何获取毒品。妻子多次劝说无果后，最终选择了离婚。孩子也因为父母的离异和父亲的吸毒行为，心灵受到了极大的创伤。在学校里，他总是沉默寡言，成绩也直线下降，原本美好的童年变得黯淡无光。

（二）令家庭经济崩溃

1. 经济负担变沉重

吸毒，无疑是一场危害个人、家庭与社会的巨大灾难，其中，它所带来的沉重经济负担尤其值得关注。吸毒堪称世界上最为昂贵且毫无价值的消费行为之一。毒品的价格本就高得离谱，长期吸毒者为了满足毒瘾，每日都要投入大量金钱。日积月累，这一开销如同一头永远喂不饱的巨兽，让家庭经济状况以惊人的速度急剧恶化。不仅如此，吸毒还会严重侵蚀吸毒者的身体健康和精神状态，致使他们无法像正常人一样工作，失去稳定的收入来源。没有了收入，却仍有高昂的毒品消费，这无疑是雪上加霜，进一步加重了家庭的经济负担，甚至可能让一个原本富足的家庭，在短时间内耗尽全部积蓄，陷入经济绝境，生活支离破碎。

吸毒，家破人亡

据联合国毒品和犯罪问题办公室统计，在毒品泛滥严重的美国，每年因吸毒导致的经济损失达数千亿美元，毒品执法投入超500亿美元，药物成瘾治疗费用约1200亿美元。

国内情况同样严峻。中国国家禁毒委员会数据显示，尽管吸毒人员的数量有所控制，但经济损失惊人。普通吸毒者每月开销少则数千元，多则上万元，像冰毒在部分地区每克数百元以上。长期吸毒使家庭经济短时间内恶化，不少家庭积蓄耗尽还背负债务。

更糟糕的是，吸毒者难以正常工作生活。我国超70%的吸毒人员吸毒后无法工作，失去收入只能依赖家庭，加重家庭经济压力，许多家庭因一人吸毒全家致贫，生活破碎。吸毒带来的经济负担，严重破坏家庭经济，也给社会稳定发展带来巨大挑战。

2018年，浙江省一个原本小康的家庭因儿子吸毒，花费数十万元用于戒毒和治疗，最终负债累累。为了偿还债务，父母不得不节衣缩食，变卖家中的贵重物品，生活陷入了无尽的痛苦之中。这个家庭原本生活富足，有着自己的房子和稳定的收入。但儿子吸毒后，一切都变了。为了帮儿子戒毒，他们四处奔波，花费了大量的金钱和精力。不仅如此，儿子还经常索要毒资，让家庭的经济状况雪上加霜。最终，这个家庭背负了沉重的债务，生活变得一团糟。

2. 引发家庭破产的危机

在毒品的侵蚀下，无数家庭面临着破产的灭顶之灾。吸毒者为满足毒瘾，不惜一切代价筹集毒资，房产、车辆这些家庭的重要资产往往被其低价变卖。最终，家庭经济彻底崩溃，基本生活开销都成了难题，子女辍学、老人无钱医治等困境接踵而至。

据不完全统计，在国内，每年因吸毒导致家庭破产的案例超万起。在经济欠发达地区，这一比例更是居高不下。例如西北某贫困县，因吸毒致家庭破产的比例竟占当地贫困家庭新增比例的 20%。放眼国际，联合国毒品和犯罪问题办公室数据显示，全球每年因吸毒引发家庭经济危机的案例数以百万计。在一些毒品泛滥的国家，如墨西哥，因毒品相关问题致使家庭破产的情况屡见不鲜，许多家庭流离失所。这些家庭一旦破产，孩子便会无奈中断学业，老人只能在病痛中苦苦挣扎，生活陷入无尽的黑暗。毒品，正无情地摧毁着无数家庭的幸福与未来。

2021 年，东南某省一名吸毒者因长期吸毒，变卖了家中唯一的房产，全家只能挤在狭小的出租屋内，生活陷入极度贫困。孩子在学校也因为家庭的变故，受到了同学的歧视和嘲笑，这让他的内心充满了自卑和痛苦，学习成绩也受到了极大的影响，未来的人生道路变得充满坎坷。

3. 家庭悲剧的频发

毒品，如同隐匿在黑暗中的恶魔，悄无声息地侵蚀着无数家庭的幸福。吸毒不仅严重损害吸毒者自身的身体和意志，更以一种极其残酷的方式，将无尽的痛苦强加给他们的家人，致使家庭悲剧频繁上演。其中，因吸毒引发的家庭成员伤亡事件，更是令人痛心疾首。

吸毒母亲对孩子的忽视，往往会酿成难以挽回的人间惨剧。联合国毒品和犯罪问题办公室发布的数据显示，全球每年因吸毒家庭照料缺失导致儿童健康受严重影响的案例数以万计。在中国，儿童保护组织的调查表明，在吸毒问题较为突出的地区，这类悲剧绝非偶然。

2017 年，河南省发生了一起令人心碎的案件。一位年轻母亲，原本有着幸福美满的家庭和可爱的 3 岁孩子。然而，毒品的诱惑让她逐渐迷失自我，对孩子的照顾也变得敷衍和忽视。在毒瘾的驱使下，她一次次将孩子独自留在家中，外出寻求毒品的慰藉。终于，悲剧发生了。当她再次回到家中时，孩子已经因饥饿和无人照顾，永远地闭上了眼睛。这位母亲也因涉嫌过失致人死亡被依法追究刑事责任。一个原本充满欢声笑语的家庭，瞬间支离破碎，只留下无尽的悔恨和悲痛。

吸毒父亲在毒品的控制下，会做出令人发指的暴力行为，让家庭陷入万劫不复的深渊。司法部门的统计数据显示，近年来，我国因吸毒引发的暴力伤害家人案件呈逐年上升趋势。在一些毒品泛滥的地区，这类案件的发生率更是远高于其他地区。

2019 年，湖南省发生了一起类似的悲剧。一名吸毒者在毒品的幻觉作用下，认为家人对自己心怀不轨。他手持刀具，残忍地将妻子和孩子杀害。

案发后，他精神崩溃，在街头游荡，最终被公安机关控制。这个原本幸福的家庭，瞬间支离破碎。孩子还未好好感受世界的美好，妻子也无辜遭受厄运。周边的亲戚朋友陷入了无尽的悲痛与恐惧之中。吸毒者的父母更是在一夜之间失去了儿子、儿媳和孙辈，承受着白发人送黑发人的巨大痛苦。

这些令人痛心的案例，只是吸毒引发家庭悲剧的冰山一角。毒品的危害已经不仅仅局限于个人的沉沦，它正以一种可怕的方式，摧毁着无数家庭的幸福，给社会带来了沉重的负担。我们必须清醒地认识到毒品的危害，加大禁毒宣传力度，加强对毒品犯罪的打击，共同守护每一个家庭的安宁，让这样的悲剧不再发生。只有全社会形成合力，才能彻底斩断毒品这一恶魔的触角，让家庭重新充满温暖与希望。

三、毒品对社会的危害

（一）过度消耗社会资源

吸毒者由于健康问题频发，需要频繁就医，这无疑消耗了大量的医疗资源。特别是在艾滋病、肝炎等传染病的防治方面，吸毒人群的高感染率进一步加剧了医疗资源的紧张局面。吸毒者因失去劳动能力，往往只能依赖社会救助生存，这就导致社会救助资源被大量分散，使得其他真正需要帮助的弱势群体得到的帮助相应减少。吸毒行为常常伴随各类违法犯罪活动，司法机关为了打击毒品犯罪、处理吸毒相关案件，不得不投入大量的人力、物力和财力，这无疑增加了司法资源的负担。

以云南省某边境县为例，2022 年县级医院收治的艾滋病病毒（HIV）感染者中 68% 有静脉注射吸毒史，导致该院传染病科全年超负荷运转，普通患者平均候诊时间延长至 4 小时。特别是在艾滋病、肝炎等传染病的防治方面，吸毒人群的高感染率进一步加剧了医疗资源的紧张局面。

吸毒者因失去劳动能力，往往只能依赖社会救助生存。边陲某县 2023 年数据显示，全县有 23% 的家庭存在吸毒人员，挤占了原本用于孤寡老人和残疾儿童的基础救助金，使得其他真正需要帮助的弱势群体得到的帮助相应减少。

2023 年 6 月，深圳公安禁毒部门在侦办一起贩卖毒品案件中，通过对案件深挖扩线发现一个涉及全国多地的吸贩冰毒团伙。2023 年 8 月，在广东省公安厅的统一指挥下，专案组对案件开展了第一轮收网行动；2023 年 12 月，在公安部禁毒局统筹协调下，全国 10 个省份又开展了联合收网行动。虽然在侦破过程中会投入一定的司法资源，但为了打击严重犯罪、保护人民群众生命健康和社会秩序，从长远和整体来看，这样的投入对社会的积极意义和价值是十分巨大的。

（二）严重威胁社会安全

吸毒者为了获取毒资，往往会铤而走险，实施盗窃、诈骗、抢劫等犯罪行为。据统计，在盗窃、抢劫等侵财类犯罪案件中，约 30% 的犯罪嫌疑人有吸毒史。浙江台州在 2023 年破获的电动车盗窃团伙中，17 名成员日均盗窃 20 辆车，所得赃款 70% 用于购买冰毒。2023 年，广州市公安局通报的系列便利店抢劫案中，12 名作案者均为吸毒人员，其中 8 人尿检显示他们作案时处于毒品作用期。这对社会安全与公共秩序构成了严重威胁。

毒品交易常常与黑恶势力相互勾结，形成一股极其危险的犯罪势力。他们不仅从事毒品交易，还会引发各类暴力犯罪，严重扰乱社会治安，对公共安全构成巨大威胁。在破获的重大毒品案件中，70% 以上都与黑恶势力存在关联。2022 年被广东警方摧毁的"青龙帮"涉黑组织，通过控制珠江口渔船进行毒品走私，其间制造 6 起命案、14 起伤害案件，形成危险的犯罪势力。2024年在湘鄂赣三省联合行动中摧毁的23个制毒窝点全部由当地涉黑组织提供保护。此外，他们还利用黑恶势力的威慑力，腐蚀当地部分执法人员，为其毒品交易活动提供便利，这使得打击毒品犯罪的难度大幅增加。2023年的反腐通报显示，某边境地级市近五年有9名缉毒警、14名海关人员因包庇毒贩被查处，使得禁毒打击难度大幅增加。

吸毒必然导致犯罪

　　毒品的泛滥还与卖淫嫖娼等社会丑恶现象紧密相连。吸毒者为获取毒资，会拐卖、强迫弱势女性卖淫，也有个别女性吸毒者会选择卖淫，一些嫖娼者也可能因沾染毒品而陷入违法犯罪的恶性循环。这种混乱的性行为极大地增加了性病、艾滋病的传播风险。成都某戒毒所调查显示，女性吸毒者中61%有过性交易行为，某艾滋病防治机构在东莞某些娱乐场所检测时发现，从业人员毒品阳性率高达39%。据疾控部门数据显示，在艾滋病传播途径中，因吸毒共用注射器以及与吸毒相关的高危性行为传播占比20% 左右。云南德宏州某边境村寨因共用注射器导致全村 132 名吸毒人员中 89 人感染艾滋病。

（三）败坏社会风气，致使社会衰退

毒品的泛滥就像一场瘟疫，严重败坏社会风气，尤其是对青少年的影响更为深远。它会导致青少年的价值观发生扭曲，使社会精神文明受到严重腐蚀。在一些毒品问题严重的社区，青少年吸毒的现象时有发生。部分青少年受周围吸毒人员的影响，认为吸毒是一种"时尚""酷"的行为，从而走上了吸毒的道路。学校周边的一些不良场所，如不规范经营的网吧、KTV 等，成了毒品传播的温床。

某地一中学周边网吧 2023 年查获 23 名聚众吸毒青少年，年龄最小者仅 13 岁，审讯发现他们通过短视频平台获取"吸毒很酷"的错误认知。在广东某城中村，青少年吸毒群体发展出"以毒会友"的畸形社交模式，2024 年查获的校园贩毒案中，"00 后"毒贩利用明星周边产品伪装运输毒品，导致 3 所中学 48 名学生涉案。更令人担忧的是，某些地下夜店通过"糖果盲盒"形式向未成年人贩卖含毒品饮料，上海警方 2023 年收缴的 2 万瓶伪装成网红饮料的"咔哇潮饮"，检测出 γ - 羟基丁酸成分。

吸毒者由于身体垮掉、精神萎靡，根本无法正常参与社会生产，这无疑导致社会生产力大幅下降，严重阻碍了经济的发展。在一些毒品问题严重的地区，大量劳动力因吸毒丧失劳动能力，使得当地的企业面临用工荒。

某汽车零部件厂因 30% 员工吸毒，致使 2022 年产能下降 45%，最终破产造成 800 人失业。在某橡胶种植基地，因吸毒致残的胶工占比达15%，企业不得不高价雇用外地劳动力。

毒品对个人、家庭及社会的危害是全方位、多层次且极其严重的，其

影响深远且几乎不可逆转。为了维护社会秩序的稳定与公共安全的保障，我们必须坚定不移地加强禁毒宣传教育工作，持续加大打击毒品犯罪的力度。只有全社会齐心协力，共同努力，才有可能彻底铲除毒品这一社会毒瘤，让社会重新恢复健康与和谐，让人们能够生活在一个无毒、安宁的美好环境之中。在禁毒宣传教育方面，我们可以创新宣传方式，利用新媒体平台、短视频等形式，制作生动形象的禁毒宣传内容，让更多的人了解毒品的危害。同时，加强禁毒教育，将禁毒知识纳入各类各层级课程体系，从源头上预防吸毒。在打击毒品犯罪方面，各部门要加强协作，形成合力，提高打击毒品犯罪的效率和精准度。此外，还需要加强国际合作，共同打击跨国毒品犯罪，切断毒品的国际流通渠道，为全球禁毒事业作出贡献。

第三章
禁毒工作：
零容忍，重拳出击

毒品的存在，严重威胁着社会的稳定秩序，犹如一颗随时可能引爆的炸弹，甚至对国家的安全根基造成了动摇。在全球范围内，毒品问题已然成为一个棘手的顽疾，困扰着各个国家和地区。而中国，始终坚定不移地秉持着"零容忍"的强硬态度，以破釜沉舟、背水一战的决心，以及果敢有力、雷厉风行的雷霆手段，在这片广袤无垠的国土上，轰轰烈烈地开展了一场全民参与、气势磅礴的禁毒人民战争。这场战争，关乎每一个人的切身福祉，决定着国家未来的发展走向，是一场我们绝不能失败，也输不起的正义之战。它承载着无数人的期望，寄托着对美好未来的向往，是我们捍卫家园、守护生命的坚定行动。

一、零容忍：国家态度，法律利剑

（一）法律体系：织密禁毒法网

我国始终将禁毒法治建设置于至关重要的核心位置，精心布局，缜密构建起一套以《中华人民共和国禁毒法》（以下简称《禁毒法》）为核心，涵盖《中华人民共和国刑法》（以下简称《刑法》）、《中华人民共和国治安管理处罚法》（以下简称《治安管理处罚法》）、《戒毒条例》、《麻醉药品和精神药品管理条例》、《易制毒化学品管理条例》、《中华人民共和国药品管理法》等法律法规的全方位、多层次禁毒法律体系。这一体系犹如一张紧密交织、疏而不漏的天罗地网，为打击毒品犯罪、维护社会秩序以及保障公民健康，提供了坚如磐石的法律支撑。它是我们对抗毒品的有力武器，每一条法律条文都蕴含着对毒品犯罪的严厉制裁和对人民生命健康的深切守护。

《禁毒法》作为我国禁毒工作的根本性、纲领性法律，全面且系统地明确了禁毒工作方针、工作机制、毒品管制、戒毒措施等关键环节。

它为禁毒工作的每一步行动提供全方位指导，确保禁毒工作有法可依、有章可循，如同照亮禁毒道路的明灯，引领我们在打击毒品犯罪的征程中稳步前行。

《刑法》作为我国法律体系的重要基石，以其权威性和严厉性明确规定：走私、贩卖、运输、制造毒品，无论数量多少，都必须追究刑事责任。情节特别严重的犯罪分子，甚至可依法判处死刑。这一规定向全社会传递出强烈信号：任何涉足毒品交易的行为，都将面临法律最严厉的制裁。毒品犯罪的红线不可触碰，一旦跨越，必将坠入万劫不复的深渊。

《治安管理处罚法》针对吸食、注射毒品等危害深远的违法行为，制定了严格的处罚措施，对违法者处十日以上十五日以下拘留，还可并处二千元以下罚款。这些处罚不仅是惩戒，更是对潜在涉毒行为的强大威慑，时刻提醒人们，涉毒行为无论大小，都必将受到法律的惩处，让心存侥幸者不敢轻易违法。

这套禁毒法律体系，从源头遏制毒品犯罪，到惩处各类涉毒行为，全方位守护着社会的安宁与人民的健康，是我国禁毒事业的坚实保障。

（二）现实案例：法律利剑出鞘

法律的威严，绝非仅仅停留在冰冷的条文之上，更体现在坚决果断、毫不手软的执行过程中。近年来，我国公安机关凭借着敏锐如鹰的洞察力、坚韧不拔的毅力和不懈努力的付出，成功破获了一系列重大毒品犯罪案件。这些案件的成功侦破，犹如一记记威力巨大的重锤，狠狠地砸向毒品犯罪分子的嚣张气焰，让他们在法律的威严下瑟瑟发抖。每一个案件的背后，都凝聚着公安干警们的心血和汗水，他们用行动诠释着对法律的忠诚和对人民的守护。

在禁毒这场没有硝烟的战争中，每一次成功的抓捕行动，每一次罪恶

的揭露，都彰显着法律的公正与威严。这些案例，不仅是对犯罪分子的有力惩处，更是对社会公众的一次深刻警示，让人们清晰地认识到，涉毒的后果是不可承受之重，从而从源头上遏制毒品犯罪的发生。它们时刻提醒着我们，毒品犯罪没有侥幸可言，一旦触碰，必将受到法律的严惩，让那些企图在黑暗中从事毒品交易的人无处遁形。

中国国家禁毒委员会标识

四川吸毒案

2023年10月，四川省某市公安机关接到群众匿名举报，称某出租屋内有人长期吸毒。警方迅速展开调查，通过走访周边群众、调取监控视频等手段，确定了该出租屋的具体情况。在做好充分准备后，警方对该出租屋进行突击检查，当场抓获3名吸毒人员，查获少量冰毒及吸毒工具。经调查，这3名吸毒人员均有稳定工作，但因好奇心作祟，沾染毒品，最终陷入泥潭。依据《治安管理处罚法》，他们均受到了相应的处罚，这一案例也再次提醒人们，毒品的诱惑随时可能存在，绝不能掉以轻心。

杭州吸毒窝点案

2023年5月，杭州市警方接到群众举报，称某居民小区内存在异常聚会，疑似涉及吸毒。警方快速响应，成立侦查小组，技术人员利用监控设备紧盯小区出入口，通过数据分析梳理出可疑信息，经验丰富的干警则乔装成小区工作人员，在日常交流中收集线索。

经过数日侦查,警方锁定了小区内的一处吸毒窝点。行动前,警方仔细勘察周边环境,掌握了房屋布局和吸毒人员的活动规律。行动当晚,便衣警察悄然包围涉事房屋,待指令下达,突击队员迅速破门而入。屋内5名吸毒人员毫无防备,面对突然出现的警察,惊慌失措,瘫倒在地。警方当场查获冰毒和吸毒工具。

经调查,该团伙以"私密派对"为幌子聚众吸毒,严重影响了自身健康和小区治安。依据《治安管理处罚法》,5名吸毒人员被依法行政拘留。警方表示将继续深挖线索,彻查毒品来源和背后是否存在组织者,坚决打击吸毒行为,维护社会稳定。

三亚涉"笑气"特大贩毒案

2023年4月,三亚市公安局吉阳分局禁毒大队民警日常巡查时发现涉毒线索,市区存在一个贩卖"笑气"的贩毒团伙。"笑气"虽非传统毒品,但滥用会严重危害人体,导致神经系统受损、记忆力下降、行走不稳等问题。吉阳分局迅速成立专案组,运用大数据分析、情报追踪等先进技术,对该团伙进行全方位监控。经调查,该团伙长期往返于三亚和沈阳,从宁夏等地大量采购"笑气",通过物流运输、人员携带等隐蔽方式运往三亚销售,企图逃避打击。专案组克服地域跨度大、线索复杂等困难,经过数月艰苦侦查,掌握了其详细犯罪证据和活动规律。

2023年4~11月,三亚警方展开大规模抓捕行动,抓获涉案人员31名,缴获约1000升"笑气",扣押小轿车2辆及一批吸食工具,涉案金额40余万元,成功斩断从辽宁到海南的贩毒通道。截至2024年1月,吉阳分局依法对11名犯罪嫌疑人刑事拘留,对20名违法人员行政拘留。此案彰显了法律对各类涉毒犯罪的打击力度,无论毒品形式如何变化,违法犯罪必受严惩。

广东制毒原料非法买卖案

2022 年，广东警方在日常排查中发现，某化工企业频繁将大量易制毒化学品销售给一家无相关资质的小公司。易制毒化学品一旦流入非法渠道，将成为制造毒品的重要原料，其后果不堪设想。警方立即意识到问题的严重性，迅速展开深入调查。通过对企业销售记录、资金流向等方面的细致分析，发现该小公司与制毒团伙有密切联系。警方迅速行动，制订了周密的抓捕计划。他们对涉案人员的行踪进行了严密监控，掌握了他们的交易时间和地点。在行动中，警方分工明确，一组负责抓捕主要犯罪嫌疑人，一组负责控制交易现场，一组负责搜查相关证据。最终，一举抓获涉案人员 20 余人，成功阻止了制毒原料流入非法渠道。主犯张某因非法买卖制毒物品罪，被判处有期徒刑 7 年，并处罚金 50 万元。这一案例警示着任何企图为毒品犯罪提供便利的行为，都会受到法律的严惩。法律的红线不容触碰，任何试图在毒品犯罪边缘试探的人，都将付出沉重的代价。

重庆网络贩毒案

2023 年，重庆警方监测到网络上存在一个隐蔽的贩毒交易群。随着互联网的发展，毒品犯罪也呈现出网络化、隐蔽化的趋势。但警方凭借着先进的网络侦查技术和敏锐的洞察力，迅速锁定了这个犯罪团伙。他们通过对网络聊天记录、交易信息的分析，掌握了犯罪嫌疑人的身份和活动规律。经过数月侦查，警方确定了交易时间和地点。交易当天，警方在多个地点同时收网，展现出了强大的协同作战能力。他们提前在交易现场周围设伏，等待犯罪嫌疑人自投罗网。当犯罪嫌疑人出现时，警方迅速出击，抓获贩毒人员 10 人，查获各类毒品 2 公斤。其中，主犯李某利用网络的隐蔽性进行贩毒，自以为可以逃避法律制裁，但最终被判处无期徒刑。这表明在打击毒品犯罪上，不论犯罪手段多么隐蔽，法律的制裁都不会缺席。网络并非法外之地，任何企图利用网络从事毒品犯罪的人，都将被恢恢法网捕获。

从这些案例可以清晰地看出，"零容忍"意味着对任何涉毒行为都没有丝毫的宽容和妥协。法律的存在不仅是条文，更是高悬的达摩克利斯之剑，一旦有人触碰毒品违法犯罪的红线，必将受到法律的严惩。无论是吸食、制造还是贩卖，不管是传统毒品还是新型涉毒物品，在法律面前一律平等对待，不会因为情节看似"轻微"或者形式新颖而网开一面。这既是对毒品犯罪的有力震慑，也是对社会公众的保护，让人们清晰地认识到，涉毒的后果是不可承受之重，从而从源头上遏制毒品犯罪的发生。

二、重拳出击：多管齐下，综合治理

（一）严厉打击吸毒行为，切断毒品需求源头

国家对吸毒行为秉持"零容忍"的坚决态度，坚持"发现一起，查处一起"的原则，严厉打击吸毒违法行为，从根源上遏制毒品需求的滋生。吸毒行为不仅对个人的身体和精神造成极大的伤害，还会引发一系列社会问题，如盗窃、抢劫等犯罪行为的增加，严重影响社会的稳定和安宁。因此，打击吸毒行为是禁毒工作的重要一环，必须坚决予以打击。

湖南吸毒案

2022 年 12 月，湖南某县警方在巡逻中发现一名形迹可疑的男子。民警上前询问时，发现男子神情恍惚、目光呆滞，疑似吸毒。随后将其带回警局进行检测，结果显示该男子近期吸食过毒品。经进一步调查，该男子是一名无业人员，因沉迷毒品，不仅花光了积蓄，还与家人断绝了关系。最终，该男子因吸毒被依法处以行政拘留，同时被责令接受社区戒毒。这起案件再次提醒人们，吸毒不仅会毁了自己，也会伤害身边的人，必须坚决抵制毒品侵害。

南京吸毒案

2021 年，南京警方接到群众举报，称某明星在家中吸毒。明星作为公众人物，具有广泛的社会影响力。他们的行为往往会成为公众关注的焦点，对社会风气产生重要影响。警方迅速展开调查，通过严密的侦查，如监控跟踪、情报收集等，确定了举报属实。在掌握充分证据后，警方对该明星住所进行突击检查，当场抓获吸毒的明星及其相关人员，查获了一定数量的毒品。该明星因吸毒被依法处以行政拘留，并被责令接受社区戒毒。这一事件引起了社会的广泛关注，各大媒体纷纷报道，引发了公众的热议。它表明，法律面前人人平等，即使是拥有众多粉丝和高知名度的公众人物，一旦涉毒也绝不姑息，同样要接受法律的严厉制裁。这一案例也为社会敲响了警钟，提醒人们无论身份地位如何，都不能触碰毒品这一红线，否则必将付出沉重的代价。

（二）严厉打击制毒窝点，掐灭毒品源头火苗

国家对制毒行为保持着最为严厉的打击态势，一旦发现制毒窝点的线索，便会迅速组织多部门联合行动，以雷霆手段将其摧毁。制毒行为是毒品犯罪的源头，其危害程度巨大。制毒过程不仅会对环境造成严重污染，还会导致大量毒品流入社会，危害无数人的生命健康，对社会安全稳定构成巨大威胁。因此，无论制毒窝点隐藏得多深、手段多么隐蔽，都难逃法律的严惩。

山区制毒窝点案

2023 年 4 月，某省公安机关在情报研判中，发现偏远山区一座废弃工厂有异常。常有不明车辆频繁出入，周边还有人放哨，疑似制毒窝点。警

方迅速组织精锐力量，侦查干警训练有素、经验丰富。

干警乔装成村民深入山区摸排。山区条件艰苦、交通不便，但他们克服困难，与村民建立联系，获取关键信息，最终确认这是一个大型制毒窝点。该窝点设施齐全，能制造新型毒品，组织分工明确，原料采购、加工、运输等流程完备。

为确保行动成功，警方联合武警、消防等多部门制定抓捕方案。充分考虑了制毒人员反抗、火灾爆炸等突发情况，武警负责武力抓捕，消防准备灭火设备。

行动当天，各部门紧密协作。侦查人员依线索带队突破外围防线，控制放哨人员。制毒人员惊慌失措，试图销毁证据、抵抗，但在武警的强大攻势下，很快被制服。此次行动抓获15名犯罪嫌疑人，缴获全部制毒原料和设备，成功捣毁窝点。案件侦破后，周边治安得到改善，群众安全感大幅提升。此案彰显了国家打击制毒犯罪的决心，警示制毒必受严惩。

广西制毒窝点案

2022年，广西警方在对边境地区的一次常规巡查中，发现了一些不寻常的迹象。当地一个偏僻的村落里，有几间房屋长期大门紧闭，且时常有陌生人在周边徘徊。警方通过无人机高空侦察和便衣警察深入摸排，发现这是一个隐藏极深的制毒窝点。该窝点利用村民的废弃房屋进行改装，内部设施简陋但制毒设备一应俱全。经过周密策划，警方联合多个部门展开行动，一举捣毁了这个制毒窝点，抓获犯罪嫌疑人10名，成功阻止了一批毒品流入市场。这次行动展现了警方在复杂环境下打击制毒犯罪的决心和能力，也让周边居民意识到制毒行为的严重危害，增强了大家的禁毒意识。

福建海上制毒案

2020年，福建警方通过海上巡逻与情报分析，发现一艘可疑船只在近海区域频繁活动，且行为异常。海上环境复杂，执法难度极大，茫茫大海为违法犯罪分子提供了天然的隐蔽条件。但福建警方并未因此退缩，他们深知海上制毒窝点的存在对沿海地区乃至全国的毒品防控形势构成严重威胁。经过长时间的跟踪侦查，警方利用先进的海上监测技术，如雷达追踪、无人机侦察等，确定这是一个海上制毒窝点。该窝点利用船只的机动性，在不同海域之间穿梭，试图逃避监管。为了将这一犯罪团伙一网打尽，警方联合海警等部门，制订了周密的抓捕计划。在一个深夜，夜色漆黑，海面风高浪急，正是犯罪分子自以为最为安全的时候。警方与海警组成的联合行动小组，凭借着精湛的航海技术和默契的配合，对该船只展开突袭。行动小组借助夜色掩护，悄无声息地靠近目标船只，在到达合适位置时，迅速发起攻击。当场抓获制毒犯罪嫌疑人 8 名，缴获大量制毒原料和半成品毒品。主犯陈某因制毒被判处死刑，缓期二年执行。这一案例充分表明，即使犯罪分子将制毒窝点设在看似监管困难的海上，试图逃避法律的制裁，也终究逃不过正义的追捕与法律的严惩，法律的威严在广阔的海洋上同样不可侵犯。

（三）严厉打击贩毒行为，斩断毒品流通链条

国家对贩毒行为始终保持高压态势，坚持"打早打小、露头就打"的方针，严厉打击各类贩毒活动，坚决斩断毒品流通链条。贩毒行为是毒品从源头流向社会各个角落的关键环节，它将毒品的危害不断扩散，使更多的人陷入毒品的深渊。因此，打击贩毒行为对于遏制毒品蔓延、保护公众健康具有至关重要的意义。

云南跨境贩毒案

2023 年 7 月，云南省公安机关经长时间的线索收集与缜密侦查，发现

一条隐蔽的跨境贩毒通道。云南边境线漫长，与多国接壤，地理环境复杂，跨境贩毒问题一直是当地禁毒工作的硬骨头。

警方迅速组建专业行动小组，成员都有丰富的跨境侦查经验，精通外语，能灵活应对复杂情况。同时，联合海关、边防等多部门协同作战。海关凭借专业能力，对进出口货物施行严格检查，防止毒品混入合法贸易商品中；边防则利用对边境的熟悉，加强巡逻防控，密切监控人员和车辆进出。

行动小组运用先进设备和情报系统，对贩毒团伙关键节点进行 24 小时监控，掌握其行踪。行动当天，犯罪嫌疑人准备将 50 余公斤海洛因运往内地，自以为神不知鬼不觉。警方果断出击，多组警力同时行动。一组提前在边境口岸设伏，待运毒车辆出现，迅速拦截，切断毒品运输；一组凭借出色侦查技巧，悄悄潜入交易地点，将犯罪分子一网打尽；一组在周边设卡，盘查可疑人员和车辆，防止犯罪嫌疑人逃脱。

抓捕时，犯罪嫌疑人负隅顽抗，但在警方的英勇行动下，12 名犯罪嫌疑人全部落网，这条跨境贩毒通道被成功摧毁。此案的侦破在国内外引起轰动，国际禁毒组织纷纷祝贺。这一行动有力震慑了贩毒分子，展示出我国打击跨境贩毒的坚定决心，有效守护了国家和人民的安全。

黑龙江边境贩毒案

2023 年，黑龙江警方在边境地区巡逻时，通过与当地群众交流获取线索，发现一个跨境贩毒团伙频繁在中俄边境附近活动。黑龙江边境冬季气候严寒，环境恶劣，给侦查和抓捕工作带来极大挑战。但警方不畏艰难，联合相关部门，利用雪地追踪技术和边境监控设备，对该团伙展开侦查。经过长时间的蹲守和追踪，警方掌握了他们的贩毒路线和交易方式。在贩毒团伙的一次交易中，警方迅速行动，成功抓获犯罪嫌疑人 7 名，查获毒品冰毒 2 公斤，成功切断了这条跨境贩毒通道，有力维护了边境地区的安全稳定。

新疆边境贩毒案

2022 年，新疆警方在边境巡逻时发现可疑迹象，经过深入调查，锁定了一个企图从边境走私毒品的犯罪团伙。新疆边境线漫长，自然环境恶劣，部分地区人迹罕至，为贩毒分子提供了可乘之机。但新疆警方始终坚守在边境禁毒一线，时刻保持高度警惕。警方联合多部门，在边境线设伏。他们克服了边境地区恶劣的自然条件，如高温酷暑、严寒暴雪等，在荒无人烟的沙漠、戈壁中潜伏等待。当贩毒团伙试图穿越边境线时，警方迅速出击，凭借着顽强的意志和过硬的本领，成功抓获犯罪嫌疑人 6 名，查获毒品海洛因 3 公斤。主犯阿某因走私、贩卖毒品罪被判处死刑。这一案例充分显示出在我国边境线上，对贩毒行为的打击毫不松懈，无论环境多么艰苦，无论犯罪分子多么狡猾，任何企图通过边境走私毒品的行为都将遭到法律的严厉制裁，边境地区是毒品流入的重要防线，绝不允许毒品从这里突破危害国家和人民。

（四）严查娱乐场所涉毒，净化公共娱乐空间

娱乐场所作为人员密集、流动性大的场所，容易成为毒品传播的温床。国家相关部门加大对娱乐场所的监管力度，定期开展检查行动，对涉毒行为绝不姑息，一经发现，依法严惩相关责任人和场所经营者，旨在净化娱乐场所环境，保护公众免受毒品侵害。娱乐场所的涉毒问题不仅会影响场所内人员的身心健康，还会通过他们向社会传播毒品的危害，破坏社会风气，因此必须坚决予以整治。

某市夜总会涉毒案

2023 年 9 月，某市公安机关接到群众举报，称某知名夜总会存在吸毒

现象。警方迅速成立专案组，对该夜总会展开秘密调查。专案组运用多种侦查手段，如暗访、监控、情报收集等，深入了解夜总会的内部情况。经过多日的侦查，发现该夜总会内部管理混乱，部分工作人员与吸毒人员相互勾结，为吸毒提供便利。他们利用夜总会的包间、隐蔽通道等场所，进行毒品交易和吸食活动。在掌握充分证据后，警方联合市场监管、文化执法等部门，对该夜总会进行突击检查。行动当晚，警方兵分多路，对夜总会的各个包间、走廊、储物间等区域进行地毯式搜索。在多个包间内，发现了正在吸毒的人员以及大量毒品和吸毒工具。此次行动共抓获涉毒人员30余名，其中包括夜总会的部分管理人员。夜总会经营者因涉嫌容留他人吸毒罪被依法刑事拘留，该夜总会也被依法责令停业整顿。这起案件的处理，在当地娱乐场所行业引起了强烈震动。各娱乐场所纷纷加强内部管理，建立健全禁毒制度，配合相关部门开展禁毒工作。同时，这也提醒广大娱乐场所经营者，必须严格遵守法律法规，切实履行禁毒责任，否则将付出沉重代价，法律绝不允许任何场所成为毒品的传播地，我们要共同努力，为公众营造一个健康、安全的娱乐环境。

某市酒吧涉毒案

2023年5月，警方在对一家酒吧进行突击检查时，发现酒吧的一个角落里有几人正在进行可疑交易。警方立即展开调查，发现这是一起在酒吧内进行的毒品交易案件。当场抓获贩毒人员3名，吸毒人员5名，查获新型毒品若干。经调查，该酒吧的保安对这些交易行为视而不见，甚至在警方检查前还试图通风报信。酒吧老板因管理不善，未履行禁毒责任，被依法处以罚款，涉事保安也受到了相应的法律处罚。这一案例再次强调了娱乐场所禁毒管理的重要性，任何疏忽都可能导致毒品在公共娱乐空间蔓延。

某地酒吧涉毒案

2021 年，警方在对一家酒吧进行突击检查时，发现多名顾客在包间内吸毒，酒吧工作人员知情不报。酒吧作为人们休闲娱乐的场所，本应是放松身心的地方，却被毒品污染。警方当场抓获涉毒人员 20 余人，酒吧老板因容留他人吸毒罪被判处有期徒刑 3 年，并处罚金 10 万元。该酒吧被依法取缔。这一案例警示娱乐场所经营者，要时刻牢记自己的社会责任，加强对场所内人员和活动的管理。一旦发现涉毒行为，应及时向公安机关报案，绝不能为了一时的利益而纵容违法犯罪。同时提醒广大消费者，在娱乐场所消费时要保持警惕，远离毒品，共同维护良好的社会秩序和健康的娱乐环境。

三、全民参与：共筑禁毒防线

（一）加强毒品预防教育，筑牢全民禁毒防线

国家高度重视毒品预防教育工作，坚持"预防为主，综合治理"的方针，广泛开展形式多样的禁毒宣传教育活动，不断增强全民识毒、防毒、拒毒意识，筑牢全民禁毒防线。毒品预防教育是禁毒工作的基础，通过教育，可以让人们充分认识毒品的危害，从思想根源上杜绝涉毒的可能性，从而有效减少毒品需求，遏制毒品犯罪的发生。

北京中小学禁毒宣传活动

2023 年 6 月，北京市禁毒办携手市教育局，在全市中小学开展"珍爱生命，远离毒品"主题宣传教育活动。

筹备阶段，禁毒办精心挑选专业禁毒讲师，他们经验丰富、讲解出色，

能把毒品知识与危害以通俗易懂的方式传递给学生。同时，制作了极具教育意义的宣传资料。禁毒宣传片融合真实吸毒案例、动画与特效，生动呈现了毒品对人体生理和心理的严重破坏，能让学生直观感受到毒品的可怕。宣传手册则图文并茂，介绍了常见毒品种类、识别方法和预防吸毒知识，便于学生随时学习。

活动期间，在禁毒知识讲座上，讲师借助真实案例和生动图片，详细讲解毒品的危害，如对身体器官、大脑发育、家庭关系的破坏。还设置互动环节，让学生体验吸毒后生理反应模拟道具，加深对禁毒的认知。在禁毒主题班会上，同学们积极讨论，分享自身对毒品的认识和预防方法，结合身边事例讲述毒品危害，引发深入思考。观看禁毒宣传片时，学生们被吸毒导致家破人亡的案例深深触动，不少人落泪，纷纷表态要远离毒品。

一系列活动引导青少年树立正确人生观、价值观，自觉抵制毒品诱惑，校园内禁毒氛围浓厚。许多学校将禁毒教育纳入日常课程，形成长效机制，定期开展培训和主题活动，让禁毒观念扎根学生心中，为他们的健康成长筑牢防线。

深圳社区禁毒宣传活动

2023 年 10 月，深圳某社区开展了一场别开生面的禁毒宣传活动。活动现场设置了毒品仿真模型展示区，让居民们直观地了解各种毒品的外观特征。同时，还邀请了专业律师开展禁毒法律法规讲座，详细解读涉毒行为的法律后果。此外，社区工作人员组织了禁毒知识竞赛，准备了丰富的奖品，吸引了众多居民积极参与。通过这次活动，社区居民对毒品的认识更加深刻，提高了他们参与禁毒的积极性，纷纷表示要在日常生活中积极传播禁毒知识，共同守护社区的安全。

（二）鼓励积极举报，让犯罪分子无处遁形

全民参与禁毒，不仅体现在预防教育上，积极举报涉毒行为也是重要一环。群众的力量是无穷的，许多毒品案件的侦破都离不开民众的积极配合。每一位公民都是禁毒工作的参与者和监督者，积极举报涉毒行为，能够为警方提供重要线索，帮助警方及时打击毒品犯罪，让毒品犯罪分子无处遁形。

捣毁某毒品分销窝点案

2024 年 3 月的一天傍晚，某市居民李先生像往常一样在小区附近散步。当途经一处偏僻仓库时，他注意到有几个人频繁进出，行为十分鬼祟，神色慌张，不时警惕地观察四周。李先生平日里十分关注禁毒宣传，深知毒品犯罪的严重危害，强烈的社会责任感驱使他立刻向当地警方举报。

警方接到举报后高度重视，迅速成立专案组展开调查。侦查人员运用先进的监控技术，对仓库周边进行 24 小时监控，同时借助情报分析手段，梳理出多条关键线索。经过多日蹲点侦查，最终确认这是一个小型毒品分销窝点。

掌握确凿证据后，警方果断出击，制订了周密的抓捕计划。行动当日，警方分工明确，一组身着便衣在仓库周边布控，对各个出入口进行严密监视，防止犯罪嫌疑人逃窜；另一组则在突击队长的带领下，迅速冲进仓库实施抓捕。面对如神兵天降的警察，8 名犯罪嫌疑人惊慌失措，试图反抗，但很快就被警方制服。现场查获各类毒品 1.5 公斤，以及大量用于包装和分销的工具。

李先生因举报有功，受到当地警方的公开表彰和奖励。

为进一步激发群众参与禁毒的积极性，各地政府和警方持续完善举报奖励机制。根据案件严重程度和毒品数量，举报人可获得数千元到数十万

元不等的奖励。同时，警方通过加密通信、匿名举报等方式，严格保护举报人隐私，彻底消除群众的顾虑。这些举措成效显著，越来越多的市民主动关注身边涉毒线索，积极向警方举报；让毒品犯罪在全社会的监督下无处遁形，全民禁毒的良好社会氛围日益浓厚。

湖北举报涉毒案

2023 年 7 月，湖北某居民王女士在快递代收点取快递时，发现一个包裹包装异常，且收件人信息模糊。联想到近期社区的禁毒宣传，她怀疑该包裹可能与毒品有关，便立即向警方举报。警方高度重视，通过调查快递单号和监控视频，锁定了犯罪嫌疑人。经过周密部署，成功抓获了企图通过快递运输毒品的犯罪嫌疑人 3 名，查获毒品摇头丸 500 余颗。王女士因举报及时，获得了警方的奖励和表彰，她的行为也激励了更多居民关注身边的可疑情况，积极参与到禁毒工作中来。

（三）加强国际禁毒合作，共同应对毒品挑战

毒品问题是全球性的公害，单靠一个国家的力量难以彻底解决。毒品的生产、运输和贩卖往往跨越国界，形成复杂的跨国犯罪网络。因此，中国积极参与国际禁毒事务，与世界各国携手合作，共同应对毒品挑战，这不仅是维护本国安全和人民利益的需要，也是履行国际责任、推动全球禁毒事业发展的重要举措。

湄公河联合扫毒行动

2023 年 11 月，中国与老挝、泰国、缅甸开展"湄公河联合扫毒行动"。湄公河流域毒品犯罪猖獗，严重威胁周边国家安全。

行动前，四国警方多次视频会议，共享情报，运用先进技术分析贩毒网络，锁定制毒窝点、贩毒通道及主要犯罪嫌疑人等打击目标。

行动时，四国紧密配合，在湄公河沿岸关键节点同时突袭。中国警方在上游水域用先进巡逻设备拦截运毒船，抓获5人，缴获80公斤海洛因；泰国警方捣毁境内毒品分销中心；缅甸警方摧毁边境制毒窝点；老挝警方在关键路段设卡堵截。

此次行动抓获50余名犯罪嫌疑人，捣毁多个制毒、贩毒窝点，有力打击了毒品犯罪。行动后，四国建立长效合作机制，定期交流情报、联合执法，共享关键信息，提前布控，遏制毒品蔓延。该模式为国际禁毒提供了范例，彰显了中国的责任担当与国际禁毒合作决心。

中国与越南联合禁毒行动

2024年年初，基于前期情报交流，中国和越南警方发现了一条横跨两国边境的贩毒链条。这条链条利用两国边境的复杂地形和贸易往来频繁的特点，频繁进行毒品走私活动。中越双方迅速成立联合行动小组，通过联合侦查，掌握了该贩毒团伙的活动规律和藏身地点。在一次联合行动中，双方警方在边境地区同时收网，中国警方负责在境内的接应点实施抓捕，越南警方则在其境内追踪贩毒分子的行踪。经过紧密协作，成功抓获犯罪嫌疑人20余名，缴获各类毒品30余公斤，彻底捣毁了这个跨国贩毒团伙。此次行动不仅加强了两国在禁毒领域的合作，也为两国边境地区的安全稳定提供了有力保障，进一步体现了国际禁毒合作在打击跨国毒品犯罪中的关键作用。

（四）完善禁毒法律法规，强化法律震慑作用

随着毒品犯罪手段的不断翻新，国家持续完善禁毒法律法规体系，确

保法律能够与时俱进，有效打击各类毒品犯罪。毒品犯罪的形式日益多样化，犯罪分子不断利用新的技术和手段逃避法律制裁，因此，及时修订和完善禁毒法律法规，是适应新形势、加强禁毒工作的必然要求。

新型毒品犯罪案件

2024年1月，某省高级人民法院审理了一起新型毒品犯罪案件。犯罪嫌疑人利用新精神活性物质的法律监管漏洞，在网络上大肆销售新型毒品。新精神活性物质具有隐蔽性强、成瘾性高、危害性大等特点，给禁毒工作带来了新的挑战。然而，最新的禁毒法律法规修订后，明确将此类新精神活性物质列入毒品管控范围，并细化了相关定罪量刑标准。法院依据新法规，对主犯判处有期徒刑15年，并没收全部非法所得。

此次判决不仅对犯罪分子起到了严厉的惩处作用，也向社会传递了一个明确信号：无论毒品犯罪形式如何变化，法律都将及时跟进，对其进行有效打击。

禁毒工作是一场持久战，需要全社会的共同努力。从国家法律法规制定、执法行动到国际合作，再到每位公民的积极参与，每个环节都至关重要。毒品危害巨大，破坏健康、家庭和社会稳定。我们必须坚决抵制毒品，从自身做起，积极参与禁毒宣传和举报工作。日常生活中，要保持警惕，传播禁毒知识，发现涉毒线索及时举报。只有全社会形成合力，才能彻底战胜毒品，营造无毒社会，建设美好未来，让更多人免受毒品侵害，迎来安宁、健康、和谐的社会环境。

第四章
戒毒之路：
科学重构生命

戒毒，是一场与自制力、与毒瘾、与命运的殊死搏斗。它不仅关乎个人的生死存亡，更牵动着家庭的幸福、社会的稳定与国家的未来。毒品摧毁的不仅是一个人的身体，还有意志、尊严与希望。然而，戒毒并非遥不可及的梦想，而是一条科学、系统且充满希望的重生之路。从认清毒品的毁灭性代价，到找到戒断的动力源泉，再到运用科学的干预手段，每一步都至关重要。本章将深入剖析戒毒的紧迫性、动力源与科学路径，为每一位渴望新生的人提供坚实的行动指南。

一、认清现实——为什么必须戒毒

（一）吸毒的毁灭性代价

武汉市禁毒委 2023 年报告显示，吸毒者平均寿命相较于常人缩短22.3 年，85% 的戒毒失败者因多器官衰竭死亡。这组数据背后，是无数破碎的人生和家庭，每一个数字都在敲响生命的警钟（见表 4-1 ~ 表 4-3）。

表 4-1　吸毒对身体健康的危害案例分析

案例	毒品类型	身体代价	转机事件
吴某（32 岁）	曲马多	肝功能衰竭、大小便失禁，身体各项机能严重受损，生活无法自理	第三次胃出血后，生命垂危，在生死边缘挣扎的他终于意识到毒品的危害，自愿戒毒
李某（28 岁）	冰毒	牙齿脱落、心肌纤维化，心血管系统和口腔健康遭受重创	因癫痫发作送医抢救，在鬼门关走了一遭后幡然醒悟
陈某（40 岁）	海洛因	肺部感染、呼吸衰竭，长期吸毒导致呼吸系统严重受损，生活需他人照料	因呼吸骤停被紧急送往医院，在经历生死考验后决定戒毒

表4-2　吸毒导致社会关系崩塌案例分析

案例	社会关系崩塌过程	最终后果
阿山 （前互联网高管）	吸毒曝光后，公司将其开除，失去经济来源；妻子无法忍受选择离婚，家庭破碎；信用卡被冻结，资金链断裂，最终只能独居	在出租屋内因绝望自杀未遂，身心遭受双重打击
王某 （个体商户）	吸毒资金链断裂，店铺因缺乏资金运转而倒闭；亲友得知其吸毒后断绝往来，众叛亲离	流落街头，最终被强制收戒，生活陷入绝境
赵某 （教师）	吸毒被学校知晓后，被开除公职，失去职业尊严；学生家长纷纷要求转学，社交圈子崩塌；家人失望至极，关系疏远	精神崩溃，多次尝试戒毒却因缺乏支持而复吸

表4-3　吸毒主要触犯的法律

违法行为	法律后果	法律依据
拒绝接受社区戒毒	强制隔离戒毒2年起，限制人身自由，在专门场所接受戒毒治疗	《禁毒法》第38条
向未成年人提供毒品	从重处罚（+30%刑期），法律绝不姑息这种对下一代的毒害行为	《刑法》第347条
容留他人吸毒	处三年以下有期徒刑、拘役或者管制，并处罚金	《刑法》第354条

（二）大脑的求救信号

北京安定医院PET-CT影像对比显示，海洛因成瘾者多巴胺D2受体密度下降61.7%，前额叶皮层厚度减少18.4%。这直观地展示了毒品对大脑的严重损害，一旦吸毒，大脑这个人体的"司令部"便会遭受不可逆的破坏（见表4-4，表4-5）。

表4-4　毒品对大脑的损伤一览表

脑区	损伤表现	行为后果
前额叶皮层	决策功能丧失，无法理性分析和判断	重复选择即时快感（92%成瘾者特征），难以克制吸毒欲望
伏隔核	多巴胺受体萎缩，对快感的感知能力下降	需不断增加剂量获得同等快感，陷入恶性循环
杏仁核	情绪调节失控，无法有效管理情绪	焦虑、攻击性行为增加，危害自身及他人安全

表4-5　毒品对身心伤害一览表

阶段	躯体症状	心理危机
12～24小时	流涕、颤抖、失眠，身体开始出现不适反应	焦虑达峰值(心率＞120次/分)，心理承受巨大压力
72小时	腹痛、肌肉痉挛、呕吐，身体痛苦加剧	自杀意念发生率为47%，心理防线濒临崩溃
7天以上	癫痫、高热、意识模糊，身体状况极度危险	多器官衰竭风险达84%，生命受到严重威胁

（三）戒毒黄金窗口期

北京跟踪数据显示，窗口期（成瘾后1～3个月）介入者，3年复吸率31%；错过窗口期者复吸率为78%。把握好这个关键时期，对于成功戒毒至关重要（见表4-6，表4-7）。

表4-6　毒瘾诊断评估表

评估项	0分（低危）	1分（中危）	2分（高危）
每日渴求次数	≤1次，对毒品的渴望较低	2～3次，有一定频率的渴望	≥4次，渴望强烈，难以自控

（续表）

评估项	0分（低危）	1分（中危）	2分（高危）
接触毒友频率	无接触，避免了外界不良影响	偶遇，存在一定复吸风险	主动联系，复吸风险极高
自我控制能力	能坚持24小时不吸食，有一定自控力	坚持不足12小时，自控力较弱	完全失控，无法控制吸毒行为

表4-7　戒毒黄金时间表

阶段	时间范围	核心任务	成功率提升措施
最佳干预期	成瘾后30天内	切断毒源＋医学脱毒，从根源上解决问题	武汉"提示单"制度（成功率89%），及时提醒并督促戒毒
补救期	成瘾后31～90天	强制隔离＋神经修复治疗，进行系统治疗	北京动态评估系统（效率提高53%），根据个体情况调整治疗方案
高危期	成瘾后90天以上	长期康复计划＋社会支持网络，提供长期支持	上海信用修复机制（复吸率下降41%），帮助戒毒者重新融入社会

案例警示1：程序员张某的毁灭之路

时间轴：

2021年3月　首次接触冰毒，从此踏上不归路；

2022年1月　日用量达0.5克，毒瘾逐渐加深；

2022年9月　被公司开除，失去工作和经济来源；

2023年5月　被强制隔离戒毒，人生陷入低谷。

脑损伤证据：MRI显示前额叶皮层萎缩12%，决策测试错误率91%，大脑功能严重受损。

最后机会：2022 年 6 月收到橙色提示单但未做处理，错失自愿戒毒窗口期，悔恨终生。

案例警示 2：舞者林某的坠落轨迹

时间轴：

2020 年 5 月　因好奇尝试摇头丸，开启危险之旅；

2021 年 7 月　每周吸食 2～3 次，身体和精神状态下滑；

2022 年 3 月　因吸毒导致肢体协调性严重下降，失去演出机会，经济陷入困境；

2022 年 10 月　被强制戒毒，舞蹈生涯戛然而止。

脑损伤证据：经专业检测，其大脑海马体萎缩 8%，记忆力测试成绩低于常人 40%，严重影响其舞蹈动作记忆和学习能力。

最后机会：2021 年 11 月收到戒毒干预通知，但心存侥幸未重视，错过最佳戒毒时机，最终追悔莫及。

二、觉醒之路——找到戒毒动力源

在戒毒的艰难征程中，探寻并找到戒毒动力源是开启新生的关键，它宛如一盏明灯，照亮戒毒者回归正常生活的道路。接下来，我们将深入剖析一系列科学有效的戒毒方法和策略。

（一）动机唤醒工具箱

借助多样化的手段，从心理、情感和法律层面激发戒毒者的内在动力，促使他们坚定戒毒决心。

武汉警示教育基地数据显示，参与"死亡体验"课程的戒毒者，3 个月内复吸率下降 41.6%，未参与者复吸率达 73%。这一显著的数据差异，直观地展现出特定干预措施对降低复吸率的强大作用。

1. 死亡具象化干预

通过模拟真实场景，让戒毒者直观感受吸毒可能带来的最终严重后果，从而在生理和心理层面产生强烈触动（见表4-8）。

表4-8　死亡具像化干预流程表

干预手段	操作流程	生理/心理效应
模拟葬礼体验	（1）躺入棺材，静静聆听饱含哀伤与不舍的悼词，仿若置身自己的生命尽头 （2）在家属悲恸的哭声中，进行遗体告别，真切感受亲人的悲痛 （3）由专业法医详细讲解吸毒尸体的特征，包括身体的病变、器官的衰竭等，展现吸毒对身体的毁灭性伤害	激活恐惧中枢，杏仁核活跃度提升58%，内心深处被强烈的恐惧笼罩
AI面容老化模拟	（1）拍摄当前面部，记录下此刻的容颜 （2）借助先进的AI技术，生成10年后因吸毒而衰老变形的面容，如皮肤松弛、面容憔悴等表征 （3）与健康衰老的图像进行对比，让戒毒者清晰看到吸毒带来的早衰与病态	引发自我厌恶感，干预后戒毒意愿提升62%，对吸毒后的自己充满厌恶，渴望改变
临终病房观摩	（1）安排戒毒者前往临终病房，观察因吸毒导致多器官衰竭的患者的痛苦状态 （2）与患者及其家属交流，倾听他们的悲惨经历和无奈	产生共情，对吸毒危害的认知加深85%，戒毒意愿显著增强

2. 社会关系重构技术

从家庭和社会关系入手，修复和重塑戒毒者的社交网络，为戒毒提供有力的外部支持（见表4-9）。

表 4-9　社会关系干预案例表

案例	干预策略	结果
阿山 （海洛因成瘾者）	家属精心录制"临终遗言"视频，视频中饱含对阿山的爱与不舍，以及对他戒毒的殷切期望，在阿山戒毒期间循环播放	3 个月内复吸冲动下降 79%，家庭的情感纽带成为他抵制复吸的强大动力
李某 （冰毒成瘾者）	签订《家庭戒毒连带责任书》，明确家庭成员在李某戒毒过程中的监督责任和义务	家庭监督效率提高 3.2 倍，家庭的紧密监督让李某时刻保持戒毒的警醒
王某 （摇头丸成瘾者）	社区组织志愿者定期上门陪伴交流，帮助其重新融入社区生活	半年内社交圈子逐渐扩大，复吸率降低 56%

3. 法律威慑工具

明确法律红线，让戒毒者清楚知晓吸毒及相关违法行为的严重法律后果，从而不敢轻易触碰（见表 4-10）。

表 4-10　吸毒案例警示表

法律条款	具体应用场景	案例警示
《戒毒条例》 第 20 条	社区戒毒期间 3 次未报到，逃避戒毒监管	王某丽因逃避尿检被强制收戒，失去自由，在强制隔离环境中接受戒毒治疗
《刑法》 第 353 条	引诱、教唆他人吸毒，将他人拖入吸毒的深渊	张某被判有期徒刑 5 年，为自己的违法行为付出沉重的法律代价
《治安管理处罚法》 第 84 条	非法持有少量毒品，尚未构成犯罪的情况	赵某因非法持有大麻被行政拘留 15 日，并处罚款 2000 元

（二）关键转折点制造

把握关键时刻，通过外部事件和精心设计的干预措施，促使戒毒者实现思想和行为的重大转变。

上海强制隔离戒毒所跟踪数据研究显示，87% 的戒毒成功者存在明确"顿悟时刻"，其中 62% 由外部事件触发。这表明，关键时刻的正确引导和干预对戒毒成功至关重要。

1. 司法威慑转折点

对违法行为采取严格的法律处置，以法律的威严促使戒毒者遵守戒毒规定（见表 4-11）。

表 4-11　违反戒毒规定处置流程表

违法行为	处置流程	法律依据
社区戒毒逃避	先进行警告，若仍不改正，则传唤到公安机关，进行现场检测，确认逃避行为后，实施强制隔离	《禁毒法》第 38 条
复吸被查获	直接按照规定转入强制隔离程序，不再给予姑息	《戒毒条例》第 25 条
容留他人吸毒被发现	立即立案调查，收集证据，依法追究刑事责任，处三年以下有期徒刑、拘役或者管制，并处罚金	《刑法》第 354 条

案例：王某丽的 148 小时

第 1 次未报到：社工及时通过电话进行警告，提醒其遵守戒毒规定。

第 2 次逃避尿检：民警上门进行训诫，严肃告知其行为的严重性。

第 3 次失联：公安系统迅速布控，最终成功抓获。

结果：被强制隔离戒毒 2 年，在强制环境中接受戒毒康复。

2. 情感核弹设计

利用好情感的强大力量，对戒毒者的内心产生强烈冲击，促使其改变（见表 4-12）。

表 4-12　情感干预案例分析表

干预类型	实施方法	实证效果
亲情监督	让家属签署《戒毒连带责任承诺书》，使家属深刻认识到自身在戒毒过程中的责任	家庭监督参与率从 35% 提升至 89%，家庭的紧密参与为戒毒提供坚实后盾
社交死亡模拟	运用 AI 生成吸毒者"社死"场景传播效果预览，让戒毒者提前看到吸毒可能导致的社交崩塌	3 个月内复吸率下降 47%
童年回忆唤醒	通过播放童年照片、视频，唤起戒毒者纯真美好的回忆，激发其对正常生活的向往	戒毒积极性提升 63%

3. 自我觉醒催化剂

通过实用工具和训练，帮助戒毒者清晰地认识到吸毒的危害，提升自我控制能力（见表 4-13）。

表 4-13　自我觉醒案例分析表

工具名称	操作流程	案例效果
成瘾代价计算器	输入吸毒时长、种类等信息，系统自动生成医疗费用、法律风险报告，直观呈现吸毒的沉重代价	李某戒断意愿提升 68%
时间贴现训练	让戒毒者在"立即吸毒"或"3 天后获得就业机会"中做出选择，引导其学会延迟满足	延迟满足能力提升 53%
吸毒危害拼图	将吸毒导致的身体病变、家庭破裂等图片制成拼图，让戒毒者在拼凑过程中加深对危害的认知	对吸毒危害的理解加深 78%

（三）戒毒场所的核心价值

规范化的戒毒场所为戒毒者提供专业、全面的康复服务，是帮助他们戒除毒瘾、回归社会的关键环节。

司法部 2023 年评估报告指出，规范化戒毒场所的介入可使戒毒人员复吸率降低 61%，社会功能恢复率提升 3.8 倍。充分证明了戒毒场所的重要作用和显著成效。

1. 动态分流系统（武汉模式）

依据科学的评估维度，采用先进的检测工具，为戒毒者制定个性化的处置方案（见表 4-14）。

表 4-14　动态分流系统表

评估维度	检测工具	处置方案
生理依赖	利用毛发中毒品代谢物检测技术，可追溯 6 个月内的吸毒情况	对于生理依赖严重的戒毒者，采用美沙酮替代治疗，缓解其戒断症状
心理渴求	通过 VR 毒瘾诱发测试，当戒毒者渴求值 ≥ 80 分，表明其心理渴求强烈	实施强制认知行为治疗，帮助戒毒者改变不良认知和行为模式
社会风险	深入分析戒毒者通讯录涉毒联系人，评估其潜在社会风险	对社会风险高的戒毒者，采取地理隔离和号码更换措施，切断其不良社交联系
经济状况评估	调查戒毒者的收入来源、资产情况以及吸毒导致的经济损失	对于因吸毒致贫的戒毒者，提供就业培训和小额贷款支持，帮助其恢复经济能力

2. 特色服务矩阵

各地区结合自身优势，创新服务模式，为戒毒者提供多元化的帮助（见表 4-15）。

表4-15　各地区创新服务模式表

地区	创新服务	核心技术	实证数据
上海	将美沙酮门诊与就业服务中心一体化，为戒毒者提供生理治疗和就业支持	利用区块链技能证书存证，确保戒毒者的技能认证真实有效	就业率提升72%
北京	运用电子手环进行高危场所监测，实时掌握戒毒者的行踪	采用地理围栏技术，精度可达±5米，实现精准定位和预警	复吸预警准确率91%
广州	配备神经反馈训练舱，对戒毒者进行大脑功能康复训练	实时监测脑电波，并进行针对性干预，促进大脑功能恢复	前额叶功能恢复速度提升45%
深圳	设立艺术疗愈工作室，通过绘画、音乐等艺术形式帮助戒毒者缓解心理压力	艺术疗法结合心理咨询，引导戒毒者表达内心情绪	心理问题缓解率达到76%

3. 智慧管理体系

借助先进的技术手段，实现对戒毒者的全方位监测和管理，及时发现并处理潜在风险（见表4-16）。

表4-16　智慧管理体系

技术应用	功能描述	预警阈值
瞳孔追踪系统	监测戒毒者接触吸毒工具时的瞳孔扩张情况，当扩张＞15%，表明其可能受到毒品诱惑	立即触发心理干预机制，帮助戒毒者抵制诱惑
声纹情绪分析	通过AI识别通话中的焦虑情绪，当声纹波动＞30dB，判断其情绪异常	迅速启动紧急联系人机制，给予戒毒者情感支持
消费行为监控	对戒毒者的大额现金交易进行分析，当单笔＞5000元，可能存在涉毒交易风险	立即冻结其账户，并安排社工介入调查

（续表）

技术应用	功能描述	预警阈值
睡眠监测手环	通过监测戒毒者的睡眠质量、时长和睡眠周期，分析其心理压力和身体状态	当戒毒者连续一周睡眠时长低于5小时或睡眠周期紊乱，启动健康干预机制

戒毒行动清单

A. 立即行动

（1）使用"成瘾代价计算器"生成个人风险评估报告，清晰了解自身吸毒危害。

（2）删除戒毒者通讯录中所有涉毒联系人，切断不良社交源头（必备动作）。

（3）参加社区组织的戒毒互助小组，获取同伴支持和经验分享。

B. 法律避险

（1）熟记《戒毒条例》第9条（自愿戒毒鼓励条款），维护自身合法权益。

（2）保存社区戒毒报到回执，以备不时之需。

（3）定期参加法律知识讲座，了解最新禁毒法律法规。

C. 技术防护

（1）安装司法部"智能手环"监测系统，借助科技手段辅助戒毒者戒毒。

（2）使用戒毒专用APP记录戒毒历程和心理状态，便于戒毒者自我监督和调整。

（3）利用智能音箱设置戒毒提醒，令戒毒者按时进行康复训练和心理疏导。

案例1：程序员张某的重生转折点

关键事件：女儿生日当天，张某因吸毒昏迷被紧急送医抢救，给女儿留下心理阴影，这一事件如晴天霹雳，彻底惊醒了他。

干预措施：

1. 司法警示：张某收到《强制隔离戒毒决定书》，深刻认识到法律的威严。

2. 情感冲击：妻子提交离婚诉讼状，家庭的危机让张某深刻反思自己的行为。

3. 技术辅助：佩戴电子手环监测高危场所，时刻提醒张某远离毒品。

现状：保持操守2年3个月，获"社区戒毒标兵"称号，成功实现人生的逆袭。

案例2：设计师林某的蜕变之路

关键事件：在重要设计项目的关键时刻，林某因吸毒导致精神恍惚，设计方案被多次驳回，面临失业危机。

干预措施：

1. 公司警告：林某收到公司的最后通牒，若不戒毒将被辞退，让他意识到事业岌岌可危。

2. 友情支持：好友组织干预活动，分享对他的期望和信任，鼓励他戒毒。

3. 自我激励：参加时间管理和目标设定课程，重新规划生活和职业目标。

现状：成功戒毒1年8个月，重新赢得公司信任，负责重要项目，生活步入正轨。

三、科学脱瘾——四维干预体系

在戒毒这场艰难的战役中，单一的方法往往难以奏效。科学脱瘾的四维干预体系，是从生理、脑神经、心理以及社会功能四个维度协同发力，全方位帮助戒毒者摆脱毒瘾，回归正常生活。

（一）生理重建：打破毒瘾的生理枷锁

毒品对身体的伤害是多方面且深刻的，尤其是在生理层面形成了顽固的依赖。通过科学的医疗手段，能够有效缓解戒毒者的戒断症状，修复受损的身体机能。

武汉戒毒医疗中心数据显示，梯度递减法治疗阿片类成瘾，急性戒断症状缓解率达92%，治疗周期缩短至14天。这一数据表明，科学的治疗方法在应对阿片类成瘾问题上成效显著，不仅能快速缓解患者痛苦，还能大幅缩短治疗时间。

1. 急性脱毒技术矩阵

针对不同类型的毒品，需要采用特定的治疗方法和辅助手段，以达到最佳的脱毒效果（见表4-17）。

表4-17　急性脱毒技术矩阵表

毒品类型	核心疗法	辅助手段	有效率	案例证据
阿片类	丁丙诺啡梯度递减	高压氧舱治疗，通过增加血液中的氧气含量，改善大脑和身体各器官的缺氧状态，辅助身体恢复	89%	广州某所完成脱毒327例，大量实践证明了该方法的有效性和安全性
苯丙胺类	冬眠疗法＋血液灌流	益生菌肠道修复，调节肠道菌群平衡，改善因吸毒导致的肠道功能紊乱	76%	上海2023年临床数据显示，该疗法对苯丙胺类毒品成瘾者的脱毒效果明显

（续表）

毒品类型	核心疗法	辅助手段	有效率	案例证据
合成大麻素	纳曲酮冲击疗法	中医穴位刺激，利用中医原理，刺激特定穴位，调节身体的气血运行和脏腑功能	68%	北京中西医结合医院试验表明，中西医结合的方式对合成大麻素成瘾的治疗有一定效果
新型毒品（如γ-羟基丁酸）	氟马西尼促醒＋营养支持	物理康复训练，针对新型毒品导致的身体机能下降，进行针对性的康复训练	60%	深圳某戒毒所通过该方法成功帮助多名新型毒品成瘾者脱毒，身体机能逐步恢复

2. 长期康复计划

脱毒只是第一步，后续的长期康复对于身体机能的全面恢复至关重要。戒毒人员应根据身体不同阶段的恢复需求，制定相应的核心任务和监测指标（见表4-18）。

表4-18　长期康复计划表

阶段	核心任务	监测指标	达标标准
1～3个月	肝功能修复，吸毒对肝脏造成的损伤较大，此阶段着重修复肝脏功能	ALT/AST酶水平，这两种酶是反映肝功能的重要指标	下降至正常值1.5倍内，表明肝脏功能在逐步恢复
3～6个月	免疫系统重建，毒品会严重破坏人体免疫系统，此阶段致力于重建免疫系统	CD4+T淋巴细胞计数，它是免疫系统中的关键细胞	≥500cells/μL，达到该数值说明免疫系统逐渐恢复正常
6～12个月	代谢功能恢复，恢复身体正常的代谢功能，促进身体的正常运转	基础代谢率（BMR），反映身体在安静状态下的能量消耗	达到同龄人标准值的±10%，说明代谢功能基本恢复正常

（续表）

阶段	核心任务	监测指标	达标标准
12～24 个月	心血管功能强化	心脏射血分数（EF），评估心脏功能的重要指标	EF 值提升至 50%～70%，接近健康人群水平

（二）脑神经修复：重构决策中枢

毒品对大脑神经的损害会影响人的认知、决策和情绪控制能力。通过专业的神经调控技术，可以修复受损的脑神经，重塑大脑的正常功能。

北京脑科学研究所发现，6 周神经反馈训练可使前额叶皮层厚度增加 0.23mm，决策错误率下降 61%。这一发现为脑神经修复提供了科学依据，证明了神经反馈训练在改善大脑功能方面的有效性。

1. 神经调控技术清单

不同的神经调控技术针对不同的成瘾症状和大脑区域，通过特定的作用机制来修复脑神经（见表 4-19）。

表 4-19　神经调控技术清单

技术名称	作用机制	适应症	疗程	案例效果
经颅磁刺激（TMS）	调节多巴胺受体敏感性，多巴胺与大脑的奖赏机制密切相关，调节其受体敏感性可改善成瘾相关的大脑活动	阿片类渴求反应，有效降低对阿片类毒品的渴望	每日 1 次 ×20 天	武汉某所，渴求强度下降 58%，众多戒毒者在接受该治疗后，对毒品的渴求明显降低
脑电生物反馈（EEG）	增强前额叶 α 波活跃度，α 波与大脑的放松和注意力集中状态有关，增强其活跃度有助于改善大脑功能	冲动控制障碍，帮助戒毒者更好地控制自己的行为冲动	每周 3 次 ×8 周	北京实验组，自控力提升 41%，该技术使戒毒者在面对毒品诱惑时更有自控能力

（续表）

技术名称	作用机制	适应症	疗程	案例效果
深部脑刺激（DBS）	植入电极调控伏隔核活动，伏隔核在大脑的奖赏回路中起关键作用，调控其活动可改变成瘾者的奖赏感知	难治性成瘾，对于其他治疗方法效果不佳的成瘾者有一定作用	长期植入	上海，目前该技术仍在临床试验中，有望为难治性成瘾者带来新的希望
迷走神经刺激（VNS）	通过刺激迷走神经，调节大脑的神经递质水平	情绪不稳定与复吸倾向	每周5次×12周	重庆某戒毒机构应用该技术后，戒毒者情绪稳定性提升38%，复吸风险降低

2. 修复周期表

大脑不同区域的修复需要不同的时间和方法，戒毒者按照科学的修复周期进行针对性训练，能更好地促进大脑功能的恢复（见表4-20）。

表4-20　大脑修复周期表

脑区	修复阶段	时间跨度	训练方法
前额叶皮层	基础修复	1～3个月	认知训练＋经颅直流电刺激，通过认知训练提升思维能力，经颅直流电刺激调节大脑神经活动
杏仁核	情绪脱敏	2～4个月	VR暴露疗法＋正念冥想，利用VR技术让戒毒者面对恐惧场景，结合正念冥想调节情绪
纹状体	奖赏回路重建	3～6个月	替代性愉悦活动训练，帮助戒毒者建立新的、健康的奖赏机制
海马体	记忆功能恢复	4～8个月	记忆训练游戏＋有氧运动，通过游戏锻炼记忆能力，有氧运动促进大脑血液循环

（三）心理重塑：瓦解心瘾防火墙

心理上的依赖是戒毒过程中最难克服的障碍之一，也就是俗称的"心瘾"。通过专业的心理干预和治疗技术，可以帮助戒毒者改变不良认知和行为模式，消除心瘾。

上海心理矫治中心报告显示，完成8周正念防复吸训练（MBRP）者，情绪性复吸事件减少74%。这充分说明正念防复吸训练在预防情绪性复吸方面具有显著效果。

1. 认知行为干预工具

运用多种认知行为干预工具，帮助戒毒者识别和改变与毒品相关的不良认知和行为（见表4-21）。

表4-21 认知行为干预工具表

技术名称	操作流程	实证数据	案例应用
VR高危场景训练	模拟毒友引诱场景→练习拒绝技巧，让戒毒者在虚拟环境中面对真实的诱惑场景，学习如何拒绝毒品	复吸率下降29%	武汉强戒所对500例戒毒者跟踪显示，接受该训练的戒毒者复吸率明显降低
沙盘治疗	通过沙具摆放重建社会关系认知，借助沙盘这一心理治疗工具，让戒毒者在摆放沙具的过程中，梳理和重建自己的社会关系认知	家庭矛盾减少68%	北京蒲公英工作站运用沙盘治疗，帮助众多戒毒者改善了家庭关系
时间贴现训练	选择"立即吸毒"或"延迟获得就业机会"，让戒毒者在不同的选择中学会延迟满足，培养更长远的眼光	延迟满足能力提升53%	上海彩虹社区实验组表明，经过时间贴现训练，戒毒者的延迟满足能力得到显著提升
情绪日记书写	每天记录情绪变化及触发因素，分析情绪与吸毒冲动的关联	吸毒冲动降低47%	南京某戒毒康复中心引导戒毒者写情绪日记，有效减少了吸毒冲动

2. 创伤修复方案

许多戒毒者在吸毒过程中或之前经历过各种创伤，这些创伤会加重心理问题，影响戒毒效果。针对不同类型的创伤，采用相应的干预技术进行修复（见表4-22）。

表4-22　创伤修复方案

创伤类型	干预技术	治疗周期	效果指标
吸毒相关 PTSD	眼动脱敏与再加工疗法（EMDR）	每周2次×6周	PCL-5量表评分下降≥50%，通过该量表评估 PTSD 症状的改善情况
童年虐待阴影	内在家庭系统治疗（IFS）	每月4次×3月	自我批判频率减少82%，有效帮助戒毒者减少因童年创伤导致的自我批判
社交恐惧	团体暴露疗法	每日1次×21天	社交回避行为下降67%，能让戒毒者在团体环境中逐渐克服社交恐惧
失业创伤	职业心理咨询＋目标设定	每周1次×8周	职业信心提升73%，能帮助戒毒者重新树立职业信心，规划职业道路

（四）社会功能激活：重建人生支点

戒毒者最终要回归社会，恢复社会功能是实现这一目标的关键。通过一系列的支持措施和培训，帮助戒毒者重新融入社会，找到自己的人生价值。

杭州就业帮扶计划发现，参与职业技能培训的戒毒者，3年内稳定就业率达79%，未参与者仅23%。这一数据充分体现了职业技能培训对戒毒者就业和社会融入的重要性。

1. 社会融入四步法

按照戒毒者回归社会的不同阶段，制定相应的核心任务、支持措施和达标标准（见表4-23）。

表4-23　社会融入四步法

阶段	核心任务	支持措施	达标标准
基础适应期	住所安置＋家庭关系修复，解决戒毒者的基本生活保障和家庭关系问题，为回归社会奠定基础	司法临时庇护所＋家事调解员，提供临时住所和家庭关系调解服务	连续30天尿检阴性，证明戒毒者在生理上初步摆脱了毒品依赖
技能储备期	职业培训＋模拟面试，提升戒毒者的职业技能和就业竞争力	数控机床/电商运营证书，提供实用的职业技能培训和证书认证	通过国家职业技能鉴定，获得进入职场的资格
社会试用期	过渡性就业＋心理督导，让戒毒者在实际工作中适应社会，同时提供心理支持	司法认证企业绿色通道，为戒毒者提供就业机会	稳定工作≥6个月，证明戒毒者能够在社会中稳定就业
完全回归期	信用修复＋社会角色重建，帮助戒毒者恢复社会信用，重新建立自己在社会中的角色	区块链清白证明＋公益积分，利用区块链技术提供信用证明，通过公益活动重建社会形象	恢复公民基本权利，完全回归正常社会生活

2. 地方创新支持网络

各地根据自身特点，创新推出了一系列支持戒毒者回归社会的项目和措施（见表4-24）。

表4-24　戒毒者回归成果表

地区	特色项目	核心技术	成果数据
武汉	"同伴教育＋"手工合作社	过来人带新学员制度，利用戒毒成功的同伴的经验和榜样力量，帮助新学员更好地适应戒毒生活	3年帮扶217人就业
深圳	外卖骑手轨迹监测	大数据高危行为预警，通过大数据分析及时发现戒毒者的异常行为，预防复吸	阻断复吸事件89起

（续表）

地区	特色项目	核心技术	成果数据
成都	社区公益积分银行	志愿服务兑换生活物资，鼓励戒毒者参与社区公益活动，同时获得生活物资的支持	参与率提升135%
长沙	创业孵化基地	创业导师指导＋小额贷款扶持	成功孵化创业项目17个，带动就业56人

戒毒工具箱

为了更好地帮助戒毒者实施科学脱瘾计划，提供以下实用工具。

A. 生理监测表

（1）每日记录戒断症状强度（1～10分），帮助戒毒者和医护人员及时了解身体的戒断反应。

（2）每周检测肝功能／肾功能指标，监测身体机能的恢复情况。

（3）每月测量血压、心率等生命体征，确保身体整体健康状况稳定。

B. 脑神经训练计划

（1）前额叶激活训练：每日15分钟数字记忆游戏，通过简单的游戏提升前额叶的认知能力。

（2）杏仁核脱敏训练：每周2次VR场景暴露，让戒毒者逐渐克服对相关场景的恐惧和焦虑。

（3）纹状体强化训练：每周3次兴趣爱好培养活动，如绘画、音乐等，促进纹状体奖赏回路的重建。

3. 社会功能评估卡（见表4-25）

表4-25 社会功能评估卡

评估项	0分（未达标）	1分（部分达标）	2分（完全达标）
稳定居住	无固定住所	临时庇护所	自有/租赁住房
社会交往	完全孤立	仅有戒毒同伴联系	建立健康社交圈
经济独立	无收入来源	临时性工作	稳定职业收入

案例1：海洛因成瘾者吴某的重生之路

干预路径：

1. 生理重建：美沙酮替代治疗（剂量从80mg递减至5mg），逐步减轻身体对海洛因的依赖。

2. 脑修复：经颅磁刺激治疗（前额叶代谢率提升37%），改善大脑功能，降低对毒品的渴求。

3. 心理重塑：完成12次VR高危场景训练（拒绝成功率91%），提升面对毒品诱惑时的抵抗能力。

4. 社会激活：考取电工证，入职物业公司（稳定工作18个月），成功回归社会，实现自我价值。

现状：保持操守3年2个月，担任社区戒毒志愿者，用自己的亲身经历帮助更多的戒毒者走向康复。

案例2：冰毒成瘾者林某的蜕变历程

干预路径：

1. 生理重建：冬眠疗法结合血液灌流，清除体内毒素，缓解急性戒断症状。

2. 脑修复：脑电生物反馈训练（前额叶 α 波活跃度提升 42%），改善大脑功能，提升自控能力。

3. 心理重塑：完成 8 周正念防复吸训练（情绪性复吸冲动降低 81%），有效克服心瘾。

4. 社会激活：参加电商运营培训，开设网店（月销售额稳定在 5000 元以上），融入社会，开启新生活。

现状：保持操守 2 年 6 个月，积极参与社区戒毒宣传活动，为戒毒事业贡献力量。

四、戒毒模式选择——四大科学路径

戒毒并非一蹴而就，不同的戒毒模式各有其特点和适用场景。选择科学合理的戒毒路径，是戒毒者成功摆脱毒品、回归正常生活的关键。下面将详细介绍四种主要的戒毒模式及其运作机制。

（一）自愿戒毒：悬崖边的自救

自愿戒毒体现了戒毒者自我救赎的决心，法律为其提供了相应的保护与便利，同时现代技术也助力整个戒毒过程。

《戒毒条例》明确规定：公安机关对自愿戒毒人员的原吸毒行为不予处罚。戒毒人员在入学、就业、享受社会保障等方面不受歧视。对其个人信息依法予以保密。对戒断 3 年未复吸的人员，不再实行动态管控。这些规定犹如为那些初次或有强烈悔改意愿的吸毒者打开了一扇重生之门，消除了他们在法律层面的后顾之忧，使其能更安心地投入戒毒治疗中。

1. 全流程操作指南

戒毒是一个复杂的过程，以下从决策、入院、康复三个阶段，为自愿戒毒者提供清晰的操作指引（见表 4-26）。

表4-26　戒毒流程表

阶段	核心任务	法律保障	技术支持
决策阶段	签署自愿戒毒协议，表明戒毒决心与意愿	免除既往吸毒行为处罚，让戒毒者无负担开启戒毒之路	AI风险评估系统（预测复吸率），通过大数据和算法，提前预估戒毒者复吸可能性，以便制定个性化戒毒方案
入院阶段	72小时内完成生理脱毒，快速缓解身体对毒品的依赖	隐私保护（不录入动态管控库），充分尊重戒毒者隐私	智能药盒（GPS定位服药），不仅能提醒按时服药，还可通过定位确保戒毒者按要求服药，保障脱毒效果
康复阶段	心理评估＋家庭关系重建，从心理和家庭层面巩固戒毒成果	司法社工全程跟踪，为戒毒者提供专业指导与支持	VR家庭场景模拟训练，帮助戒毒者修复与家人关系，更好地融入家庭

2. 武汉"提示单"创新实践

武汉通过创新的"提示单"机制，对不同程度的吸毒行为进行精准干预（见表4-27）。

表4-27　提示单机制表

提示单等级	触发条件	干预措施	3年复吸率
蓝色提示单	首次吸毒被查获，给予初次犯错者一定教育机会	强制参加警示教育课程，让吸毒者直观认识毒品危害	29%，通过及时教育，有效降低复吸风险
橙色提示单	二次吸毒或逃避社区戒毒，行为较为严重	72小时内强制入院治疗，采取更严格措施	41%，尽管风险仍较高，但强制治疗起到一定约束作用
红色提示单	多次吸毒且屡教不改，情节恶劣	强制隔离戒毒，并联合心理专家进行深度干预	18%，经过严格管控和专业治疗，复吸率有所下降

3. 技术赋能案例

上海 AI 用药监测系统显示，实时上传服药数据至司法区块链，确保数据真实不可篡改，脱毒完成率从 68% 大幅提升至 89%，能有力保障戒毒治疗的规范性和有效性。

广州 VR 预演系统证明，模拟戒毒后求职场景，让戒毒者提前适应社会，积累面试经验，最终就业率提升 53%，帮助戒毒者顺利回归社会。

成都智能心理咨询平台利用 AI 聊天机器人，为戒毒者提供 24 小时心理疏导服务，心理问题解决率达到 78%，能有效缓解戒毒者的心理压力。

（二）社区戒毒与康复：社会支持的力量

社区戒毒与康复依托社区资源，联合多方力量，为戒毒者提供持续的支持与帮助。

北京"五见面"机制实证中，通过民警、社工、家属、医生、同伴每月联合督导，复吸率下降 53%，就业率提升 72%。这种多主体协同合作的模式，全方位关注戒毒者的身心状态和社会融入情况，取得了显著成效。

1. 标准化执行规范

明确不同时间节点的必做事项、技术工具以及违规处理措施，保障社区戒毒与康复工作有序开展（见表 4-28）。

表 4-28　戒毒标准化执行规范

时间节点	必做事项	技术工具	法律后果（违规处理）
第 1～15 日	签订协议＋初次尿检，正式开启戒毒流程	区块链存证系统，确保协议和尿检结果真实有效	司法训诫，对违规者进行严肃警告

（续表）

时间节点	必做事项	技术工具	法律后果（违规处理）
每月 1 次	毛发检测＋心理评估，及时掌握戒毒者身体和心理状态	便携式快速检测仪（5分钟出结果），快速高效检测	信用积分扣除，影响戒毒者后续福利和社会信用
每季度	家庭矛盾调解会议，解决戒毒者家庭内部问题	远程视频调解平台，方便各方参与调解	冻结关联账户，对严重违规者采取经济限制措施
每半年	职业技能培训评估，提升戒毒者就业能力	在线职业技能评测系统，精准评估技能水平	暂停就业帮扶，督促其完成培训

2. 深圳"电子围栏"警示系统

借助先进技术，对戒毒者行为进行实时监控，有效预防复吸（见表4-29）。

表 4-29　"电子围栏"警示系统

预警机制	技术原理	处置流程	2023 年成效
地理围栏	基站定位 +GPS 电子围栏，精准定位戒毒者位置	进入高危区域→手环振动→AI 电话干预，及时提醒并劝阻	阻断复吸行为 327起，成功阻止多起潜在复吸事件
消费监控	大额现金交易分析模型，监测资金异常流动	单日取现超 5000 元→自动冻结银行卡，切断涉毒资金链	减少涉毒资金流转89%，有效遏制毒品交易相关资金活动
社交关系监测	社交网络分析算法，监测与涉毒人员的联系	与涉毒人员频繁联系→自动报警→社工介入调查	发现并阻断涉毒社交网络 21 个，防止戒毒者受不良影响

3. 就业融合计划（上海模式）

为戒毒者提供就业机会和职业发展路径，帮助他们实现经济独立和社会融入（见表4-30）。

表4-30　就业融合计划表

服务时长	可兑换资格	合作企业	平均月薪
100 小时	快递分拣员认证，获得基础就业资格	顺丰、京东等知名企业提供稳定岗位	4200 元，解决基本生活需求
300 小时	新能源汽车维修证书，提升职业技能	特斯拉服务中心，提供专业技能培训和就业机会	6800 元，实现更高收入和职业发展
500 小时	电商运营主管培训，培养管理能力	阿里巴巴电商孵化基地，提供晋升机会	9500 元，迈向更高职业台阶

（三）强制隔离戒毒：最后的防线

对于多次复吸或成瘾严重的吸毒者，强制隔离戒毒是保障其戒毒成功、维护社会安全的重要手段。

郑州司法数据显示，完成 142 天标准化流程者，出所后 1 年复吸率为38%，未完成者达 82%。这一数据凸显了标准化流程在强制隔离戒毒中的关键作用。

三种有效强制隔离戒毒措施分别如下。

1. 四区五中心作战手册

戒毒场所内划分不同功能区，配备相应科技装备，明确达标标准，全面推进戒毒工作（见表4-31）。

表4-31　四区五中心作战手册

功能区	核心任务	科技装备	达标标准（司法部要求）
生理脱毒区	急性戒断症状控制，缓解身体痛苦	智能生命监护床（含排便监测），实时监测戒毒者身体状况	症状缓解率≥95%，确保大部分戒毒者身体症状得到有效控制
教育适应区	法律认知重建，增强法律意识	VR法庭模拟审判系统，通过沉浸式体验学习法律知识	法律考试合格率100%，确保戒毒者了解法律规定，避免再次违法
康复巩固区	MMA情绪管理训练，提升情绪控制能力	格斗呼吸监测手环，实时监测训练中的生理指标	暴力事件下降76%，减少戒毒场所内冲突和暴力行为
回归指导区	社会生存模拟，为回归社会做准备	数字人民币消费实训平台，模拟真实消费场景	就业技能掌握率≥80%，让戒毒者掌握一技之长，顺利融入社会
医疗救助中心	提供专业医疗服务，保障戒毒者身体健康	远程医疗会诊系统，连接外部专家资源	重大疾病救治成功率≥90%，及时处理突发医疗状况

2. 郑州MMA情绪管理法

通过系统的MMA（Mixed Martial Arts，综合格斗）训练，从生理和心理两方面提升戒毒者的情绪管理能力（见表4-32）。

表4-32　MMA情绪管理法

训练阶段	教学内容	生理指标改善	心理测评变化
基础格斗	拳击/摔跤技术训练，提升身体素质和自我保护能力	肾上腺素调控能力提升58%，更好控制情绪应激反应	冲动控制力提升41%，减少冲动行为
场景模拟	模拟毒品诱惑环境，提前演练应对策略	心率稳定性提高37%，保持冷静应对诱惑	拒绝成功率提升63%，有效抵制毒品诱惑

（续表）

训练阶段	教学内容	生理指标改善	心理测评变化
呼吸疗法	格斗专用呼吸节奏训练，调节身心状态	血氧饱和度稳定在98%以上，保证身体良好状态	焦虑量表评分下降52%，缓解焦虑情绪
团队协作	MMA团队对抗训练，培养合作精神和责任感	团队凝聚力提升72%，改善人际关系	社交能力评分提升56%，更好融入社会

3. 智慧管控系统

运用先进技术，对戒毒者进行全方位监控，及时发现并处理异常情况（见表4-33）。

表4-33　智慧管控系统

技术应用	功能描述	预警阈值	处置机制
瞳孔追踪系统	监测接触吸毒工具时的瞳孔扩张，判断是否受到毒品诱惑	直径变化>15%，表明可能存在吸毒倾向	触发心理干预＋药物阻断，双管齐下防止复吸
声纹情绪分析	AI识别通话中的焦虑/兴奋波动，关注情绪变化	声纹波动>30dB，判断情绪异常	自动通知紧急联系人，及时给予关怀和支持
消费行为建模	分析异常资金流向（夜间大额现金交易），排查涉毒资金	单笔>5000元或月累计>3万元，资金流动异常	冻结账户＋司法调查，彻查资金来源和用途
睡眠监测	智能床垫监测睡眠质量和时长，分析身体和心理状态	连续一周睡眠时长低于5小时或睡眠周期紊乱	安排心理咨询和医疗检查，保障身心健康

（四）社区康复：永不落幕的战场

社区康复是戒毒的长期持续过程，可以通过多维度指标体系和创新制度，助力戒毒者彻底回归社会。

1. 杭州数字戒毒模式

通过外卖骑手轨迹大数据分析，提前识别复吸高危人员 23 例，干预成功率达 91%。大数据技术在社区康复中的应用，实现了精准防控和有效干预。

通过六维康复指标体系，从身体、心理、职业、法律、社会、家庭六个维度，全面评估戒毒者康复情况，针对性进行干预（见表 4-34）。

表 4-34 六维康复指标体系

维度	监测指标	干预工具	达标标准（12 个月）
身体康复	基础代谢率（BMR），反映身体机能恢复情况	运动手环 +AI 营养师，制定个性化运动和饮食方案	达到同龄人标准 ±10%，身体机能基本恢复正常
心理康复	渴求频率（次 / 周），衡量心理对毒品的依赖程度	VR 暴露治疗舱，进行心理脱敏训练	≤ 1 次 / 周，心理渴求得到有效控制
职业康复	稳定就业时长（月），体现社会融入能力	司法认证灵活用工平台，提供就业机会	≥ 6 个月，实现稳定就业
法律康复	信用积分（百分制），评估法律遵守情况	区块链清白证明系统，记录良好行为	≥ 80 分（可申请贷款），恢复良好信用
社会康复	公益服务时长（小时 / 月），增强社会责任感	志愿服务积分兑换平台，鼓励参与公益活动	≥ 20 小时，积极融入社会
家庭关系修复	家庭满意度评分（1 ~ 10 分），评估家庭关系和谐程度	家庭治疗师定期介入 + 家庭活动组织	≥ 7 分，家庭关系明显改善

2.重庆"家属联保"制度

充分调动家属积极性，强化家庭监督作用，共同助力戒毒者康复（见表4-35）。

表4-35 "家属联保"制度

条款	操作规则	实证数据
保证金制度	家属缴纳3万元（按尿检结果分阶段返还），激励家属监督	联保家庭复吸率仅19%，远低于平均水平
连带责任	复吸者需双倍返还已领取保证金，增加复吸成本	家庭监督效率提高4.2倍，家庭监督更有效
信用修复	连续12个月阴性可申请司法信用修复，给予戒毒者重新开始机会	银行贷款通过率提升至67%，帮助回归正常生活
奖励机制	戒毒者表现优秀，家属可获得荣誉证书和物质奖励	家属参与积极性提升68%，进一步加大家庭支持力度

戒毒核心工具包

A.路径选择决策表

为戒毒者和相关人员提供清晰的戒毒模式选择依据（见表4-36）。

表4-36 路径选择决策表

特征	推荐路径	法律依据
首次吸毒+悔改意愿强	自愿戒毒	《戒毒条例》第9条
多次复吸+家庭支持弱	强制隔离戒毒	《禁毒法》第38条
完成脱毒+需社会融入	社区康复	《中华人民共和国社区矫正法》第24条
成瘾较轻+社区支持良好	社区戒毒与康复	《禁毒法》第33条

B.法律红线速查手册

明确常见违规行为后果及规避建议，帮助戒毒者遵守法律法规（见表4-37）。

表4-37　法律红线速查表

行　为	后　果	规避建议
社区戒毒期间更换住址	强制隔离2年	3日内向司法所报备
使用他人身份证购药	治安拘留10日	随身携带社区康复证明
未参加季度心理评估	信用积分扣20分	设置手机日程提醒
提供虚假尿检样本	延长戒毒期限6个月	如实配合检测，遵守规定

3. 武汉"四戒联动"闭环管理

运行机制：社区戒（预警）→自愿戒（干预）→约束戒（管控）→强制戒（收治），形成完整的戒毒管理闭环。

技术支撑：司法大数据平台自动推送高风险人员名单，实现精准管控。

2023年成效：社区戒毒转化率为37%，强制隔离衔接成功率为89%，有效提高戒毒效率。

4. 西安"同伴互助"戒毒模式

运行机制：选拔戒毒成功的志愿者，与戒毒者结成互助小组，分享经验、互相监督。

技术支撑：线上互助平台，方便成员随时交流和求助。

2023年成效：互助小组复吸率比普通戒毒者低32%，营造良好戒毒氛围。

五、决战时刻——破解三大生死关

戒毒过程中，有三道难关犹如生死考验，横亘在戒毒者的康复之路上。这三大生死关分别是戒断反应、渴求感以及复吸风险。只有成功突破这三道难关，戒毒者才有可能真正摆脱毒品的控制，重获新生。接下来，我们将深入探讨应对这三大难关的科学方法和有效策略。

（一）戒断反应生存指南

戒断反应是戒毒初期面临的最直接、最危险的挑战，尤其是阿片类毒品的戒断反应，严重时甚至危及生命。因此，掌握科学的应对方法至关重要。

北京安定医院急救数据显示，阿片类戒断反应致死率高达 12.7%，关键在 72 小时急救期，及时干预可将死亡率降至 3.8%。这组数据清晰地表明，在戒断反应的关键时期，有效的急救措施能够极大地降低死亡风险。

1. 分级应对方案

根据戒断反应的严重程度，制定相应的处置措施，确保在不同情况下都能及时、有效地进行应对（见表 4-38）。

表 4-38　分级应对方案

危险等级	症状特征	处置措施	药物/工具清单
轻度	流涕、焦虑、失眠，这些症状虽然相对较轻，但也会给戒毒者带来不适，影响其戒毒的信心和状态	居家观察＋社区医生随访，在相对熟悉的环境中，由社区医生进行定期的健康检查和指导，既能让戒毒者感到安心，又能及时发现症状的变化	氯硝西泮（0.5mg 口服），可缓解焦虑和失眠症状；冷敷包，用于缓解身体的不适

（续表）

危险等级	症状特征	处置措施	药物/工具清单
中度	呕吐、震颤、血压≥160/100mmHg，此时身体的反应较为强烈，需要更专业的医疗处置	社区医疗点紧急处置，社区医疗点配备了基本的医疗设备和专业的医护人员，能够对中度戒断反应进行及时有效的治疗	东莨菪碱（0.3mg皮下注射），可缓解呕吐等症状；心电监护仪，实时监测生命体征，确保治疗的安全性
重度	癫痫发作、体温≥39℃、意识模糊，这些症状表明戒毒者的生命已经受到严重威胁，必须立即进行紧急救治	120急救送医＋血液净化，120急救中心能够快速将患者转运至医院，血液净化则可以帮助清除体内的毒素，挽救生命	纳洛酮（4mg静脉注射），是阿片类中毒的特效解毒剂；呼吸机，在患者呼吸功能受损时提供支持
极重度	呼吸抑制、心搏骤停，情况危急，直接威胁生命	心肺复苏＋气管插管，现场急救后快速转运至重症监护室	肾上腺素（1mg静脉注射），提高心搏和血压；除颤仪，必要时进行心脏除颤

2. 家庭急救包配置标准

家庭在戒毒过程中起着重要的支持作用，配备一个标准的家庭急救包，能够在紧急情况下为戒毒者提供及时的帮助（见表4-39）。

表4-39 家庭急救包配置表

类别	必备物品	使用规范	法律风险提示
药品类	洛非西定片、加巴喷丁胶囊，这些药物可以缓解戒断症状，但必须在医生的指导下使用	需医生远程指导剂量，确保用药的安全性和有效性	私自使用管制药物可被追责，药品的使用必须严格遵守法律法规

（续表）

类别	必备物品	使用规范	法律风险提示
器械类	电子体温计、血氧仪，用于监测戒毒者的体温和血氧饱和度，及时发现身体的异常变化	每小时监测并记录数据，以便及时掌握戒毒者的身体状况	数据需同步至司法监管平台，确保监管的全面性和准确性
防护类	防咬舌牙垫、约束带，在戒毒者癫痫发作时使用，防止意外发生	仅在癫痫发作时使用（≤30分钟），避免过度使用造成伤害	滥用可能涉嫌非法拘禁，使用时必须严格遵循规定
急救知识卡	戒断反应急救指南，包含各阶段症状应对方法	随时查阅，确保家庭成员熟悉急救流程	——

3. 医疗干预流程图

清晰的医疗干预流程能够确保在戒断反应发生时，各责任主体能够迅速、有序地采取行动（见表4-40）。

表4-40　医疗干预流程表

步骤	操作内容	责任主体	时间要求
1	评估戒断症状等级，这是采取正确处置措施的前提	家属/社区医生	发现症状10分钟内，快速评估，为后续的治疗争取时间
2	启动对应级别处置方案，根据评估结果，迅速采取相应的治疗措施	社区戒毒工作站	30分钟内响应，确保治疗的及时性
3	重度患者转诊至定点医院，对于病情严重的戒毒者，及时转送至专业医院进行救治	120急救中心	2小时内完成转运，保障患者能够得到最及时的治疗
4	司法备案（强制隔离评估），对戒毒者的情况进行司法备案，以便后续的监管和评估	辖区民警	处置后24小时内，确保信息的及时更新和管理

（续表）

步骤	操作内容	责任主体	时间要求
5	康复跟踪与回访，对戒毒者康复情况持续关注	社区医生/社工	每周至少一次回访，持续3个月

（二）渴求感破解密码

渴求感是戒毒过程中持续存在的心理挑战，它常常成为复吸的导火索。了解渴求感的神经机制，并掌握有效的应对策略，是破解这一密码的关键。

武汉心理研究所实验数据表明，渴求感平均持续17分钟，采用"15分钟拖延术"可使复吸冲动降低63%。这一研究结果为我们应对戒毒人员的渴求感提供了有效的方法和依据。

1. 渴求神经机制与对策

深入了解大脑在渴求感产生时的神经活动，有助于我们采取针对性的破解技术（见表4-41）。

表4-41　渴求神经机制与对策表

脑区	激活表现	破解技术	工具支持
前额叶皮层	决策功能瘫痪，在渴求感的影响下，戒毒者难以做出正确的决策	预设应急决策（如自动拨打戒毒热线），在关键时刻，能够迅速获得专业的帮助和支持	AI语音助手（预设SOS指令），方便快捷地启动应急决策
伏隔核	多巴胺需求飙升，导致戒毒者对毒品的渴望增强	替代刺激（辣味咀嚼片、冰水洗脸），通过其他刺激方式，满足身体对刺激的需求，从而降低对毒品的渴望	定制戒断应急包，里面包含各种应对渴求感的物品，方便随时使用

（续表）

脑区	激活表现	破解技术	工具支持
杏仁核	焦虑值提升，进一步加重了戒毒者的心理负担	正念呼吸训练（4-7-8呼吸法），通过调节呼吸，缓解焦虑情绪，保持内心的平静	智能手环振动提醒，在需要进行呼吸训练时，及时提醒戒毒者
海马体	记忆唤起强化渴求，与毒品相关的记忆不断浮现	记忆重塑训练（书写戒毒日记），通过书写重新构建对戒毒生活的认知	戒毒日记APP，记录心路历程，辅助记忆重塑

2. 场景化应对策略

不同的高危场景会引发不同程度的渴求感，针对这些场景制定应对策略，能够有效地降低复吸的风险（见表4-42）。

表4-42　场景应对策略表

高危场景	即时行动方案	长期防御措施
毒友来电	（1）挂断电话，避免与毒友的进一步接触，防止被诱惑；（2）启用手机白名单模式，只接听重要联系人的电话，减少外界干扰	司法协助更换电话号码，彻底切断与毒友的联系
路过吸毒场所	（1）开启电子围栏报警，及时提醒自己和相关人员，避免进入危险区域；（2）背诵戒毒誓言，强化自己的戒毒决心	申请地理围栏司法保护令，借助法律的力量，保护自己远离吸毒场所
深夜情绪崩溃	（1）播放预设家属视频，通过家人的关爱和鼓励，缓解情绪压力；（2）服用助眠药物，帮助自己入睡，避免在情绪低落时做出错误的决定	参加夜间支持小组（22:00～2:00），在小组中与其他戒毒者相互支持，共同渡过难关
参加社交聚会	提前告知同伴自己戒毒情况，寻求监督；若出现渴求，借口离开现场	建立新的健康社交圈子，逐渐远离可能涉毒的社交场合

3.技术阻断工具包

借助现代科技手段，研发出一系列有效的技术阻断工具，为破解渴求感提供了有力的支持（见表 4-43）。

表 4-43 技术阻断工具表

工具名称	功能描述	实证效果	适用阶段
VR 脱敏训练舱	模拟毒友引诱场景（每周 2 次），让戒毒者在虚拟环境中面对诱惑，锻炼其拒绝的能力	拒绝成功率提升 71%	康复期，在身体逐渐恢复的同时，进行心理脱敏训练
皮肤电监测手环	实时预警渴求值（准确率 89%），通过监测皮肤电反应，及时发现戒毒者的渴求感变化	复吸率下降 37%	全周期，从戒毒初期到康复后期，都能实时监测和预警
纳曲酮植入剂	缓释阻断阿片受体（有效期 6 个月），从生理层面阻断毒品的作用，降低渴求感	3 年内防复吸有效率 68%	巩固期，在戒毒的稳定阶段，进一步巩固戒毒成果
智能心理干预 APP	根据情绪监测提供个性化心理疏导方案	心理问题解决率达 75%	全周期，随时提供心理支持

（三）复吸防御系统

复吸是戒毒过程中最大的挑战之一，建立完善的复吸防御系统，能够有效地降低复吸的风险，保障戒毒者的康复成果。

上海虹口区跟踪报告显示，建立三重防御系统者 3 年复吸率仅 21%，未建立者达 79%。这一数据充分证明了复吸防御系统的重要性和有效性。

1.防御体系架构

从生理、心理、环境、社会、职业融入五个层面，构建全方位的复吸防御体系（见表 4-44）。

表 4-44 复吸防御系统架构表

防御层级	技术手段	司法支持	实施主体
生理防御	每月纳曲酮长效注射，通过药物作用，阻断毒品的生理反应	区块链药品追溯，确保药品的来源和使用安全	定点医院
心理防御	每周VR高危场景训练，通过模拟高危场景，提升心理应对能力	司法矫治档案积分，对戒毒者的心理矫治效果进行评估和激励	社区心理服务站
环境防御	涉毒场所电子围栏，利用技术手段，限制戒毒者进入危险区域	公安大数据动态管控，实时掌握戒毒者的行踪和动态	辖区派出所
社会防御	同伴监督小组（3人制），通过同伴之间的相互监督和支持，增强戒毒的信心和动力	司法认证信用奖励，对积极参与戒毒和帮助他人的戒毒者给予信用奖励	戒毒成功者协会
职业融入防御	提供职业技能培训与就业帮扶，提升经济独立能力	税收优惠鼓励企业接纳戒毒者就业	就业指导中心/企业

2. 应急响应机制

制定完善的应急响应机制，能够在复吸风险出现时，迅速采取行动，降低戒毒者复吸的可能性（见表 4-45）。

表 4-45 应急响应机制

预警级别	触发条件	处置流程	法律后果
黄色预警	进入高危区域超10分钟，表明戒毒者可能受到毒品诱惑	（1）手环振动报警，提醒戒毒者和相关人员；（2）自动通知社工，及时进行干预	扣除信用积分10分，对违规行为进行惩戒
橙色预警	检测到涉毒关联通话，可能存在复吸的风险	（1）冻结银行账户，切断涉毒资金链；（2）强制心理干预，帮助戒毒者克服心理障碍	启动强制隔离评估，对戒毒者的情况进行全面评估

（续表）

预警级别	触发条件	处置流程	法律后果
红色预警	毛发检测阳性，确认戒毒者已经复吸	（1）立即收戒，采取强制隔离措施；（2）司法立案调查，依法追究责任	强制隔离戒毒2年起，对复吸者进行严厉的处罚
黑色预警	多次复吸且情节严重	加重强制隔离期限，并联合心理专家深度干预	强制隔离戒毒延长至3年，限制部分公民权利

3. 地方创新实践

各地根据自身的实际情况，创新推出了一系列复吸防御措施，取得了显著的成效（见表4-46）。

表4-46　各地复吸防御措施

地区	特色方案	核心技术	成效数据
深圳	AI复吸预测模型，通过对多维度行为数据的分析，提前预测复吸风险	多维度行为数据分析，全面、准确地评估戒毒者的情况	预警准确率达91%
杭州	外卖骑手轨迹监测，利用外卖骑手的轨迹数据，监测戒毒者的活动范围	地理围栏+时间序列分析，精准定位和分析戒毒者的行踪	阻断高危行为23起
重庆	家属联保信用制度，通过家属的联保和信用机制，强化家庭对戒毒者的监督和支持	区块链智能合约，确保制度的公平性和有效性	联保家庭复吸率下降62%
成都	"戒毒天使"志愿者一对一帮扶计划，为戒毒者提供长期陪伴和支持	志愿者培训与管理系统	帮扶对象复吸率降低58%

戒毒生存工具箱

A.15 分钟应急清单

在渴求感强烈的 15 分钟内，这些应急措施能够帮助戒毒者缓解渴求，避免复吸。

拨打戒毒热线（400-×××-××××），及时获得专业的心理支持和指导。

含服超强薄荷糖（刺激三叉神经），通过刺激身体的神经，转移注意力，缓解渴求感。

背诵预设戒毒誓言（手机锁屏显示），强化戒毒的决心和信念。

进行高强度 1 分钟运动（如快速跳绳），释放内啡肽缓解渴求。

B. 法律防护卡

了解自己的合法权益，在遇到问题时能够依法维护自己的权益（见表 4-47）。

表 4-47　权益维护相关法条

权利条款	应用场景	维权方式
《戒毒条例》第 7 条	社区康复期间就业歧视	向司法所申请维权援助
《民法典》第 1032 条	隐私信息泄露	提起民事诉讼索赔
《中华人民共和国就业促进法》第 3 条	戒毒者就业平等权保障	向劳动监察部门投诉
《中华人民共和国禁毒法》第 52 条	入学、就业、享受社会保障时受歧视	向教育局、人社局等相关主管部门投诉

C. 生理阻断药物表

清楚了解生理阻断药物的作用机制和使用规范，确保药物的安全有效使用（见表 4-48）。

表 4-48　生理阻断药物表

药物名称	作用机制	使用规范
纳曲酮	阿片受体拮抗剂	每月注射 380mg（需医嘱）
加巴喷丁	抑制谷氨酸能兴奋	每日 ≤ 1800mg（分 3 次服用）
丁丙诺啡	部分阿片受体激动剂	舌下含服，根据成瘾程度调整剂量

案例 1：海洛因成瘾者陈某的防御战

危机事件：陈某深夜接到毒友邀约电话，这是一个典型的高危场景，极易引发渴求感和复吸冲动。

防御动作：

1. 启动手机白名单模式（自动拦截陌生来电），有效避免了与毒友的接触，切断了诱惑的源头。

2. 含服辣椒素咀嚼片（刺激产生内源性阿片肽），通过替代刺激，缓解了对毒品的渴求。

3. VR 训练舱模拟拒绝场景（累计完成 21 次训练），通过反复的模拟训练，增强了拒绝毒品的信心，提升了抵制毒品的能力。

防御成果：保持操守 2 年 8 个月，获聘社区禁毒宣传员，陈某成功地战胜了毒品，不仅实现了自我救赎，还能够用自己的经历去帮助更多的人。

案例 2：冰毒成瘾者李某的重生之路

危机事件：李某路过曾经吸毒的场所，强烈的记忆唤起导致渴求感爆发。

防御动作：

1. 触发电子围栏报警，通知了社区工作人员和家人。

2. 立即进行正念呼吸训练，稳定情绪。

3. 联系同伴监督小组，在同伴的陪伴和鼓励下渡过难关。

防御成果：成功戒毒 1 年 6 个月，找到稳定工作，重新融入社会。

六、戒毒科学工具箱

戒毒是一场复杂而艰巨的战役，需要综合运用医学、心理、信息技术以及社会支持等多方面的科学手段。这些手段如同一个强大的工具箱，为戒毒者提供全方位的支持与帮助，助力他们成功摆脱毒品的束缚，重新回归正常生活。

（一）医学干预：精准打击毒瘾

随着医学技术的不断发展，针对毒瘾的精准医学干预成为可能。通过基因检测、肠道菌群移植等先进技术，能够更有效地治疗毒瘾，降低复吸风险。

广州基因检测中心发现，CYP2D6 基因突变者美沙酮代谢效率低 38%，基因检测指导用药可使治疗有效率提升 73%。这一发现揭示了基因与药物代谢之间的关联，为个性化的戒毒治疗提供了科学依据。

1. 医学武器库

一系列先进的医学技术构成了戒毒治疗的强大武器库，针对不同的戒毒需求发挥关键作用（见表 4-49）。

表 4-49　医学干预技术表

技术名称	核心机制	应用场景	案例数据
基因检测	筛查 OPRM1/COMT 基因型，精准识别个体基因特征，为药物治疗提供依据	指导阿片类替代药物剂量，确保药物使用的安全性和有效性	武汉某所剂量准确率提升 65%，显著提高了治疗效果
肠道菌群移植	调节肠—脑轴—微生物平衡，改善肠道与大脑之间的信号传递，缓解戒断症状	缓解戒断期焦虑失眠，提升戒毒者的生活质量	广州临床试验有效率 82%，众多戒毒者从中受益
纳曲酮植入剂	缓释阻断阿片受体（6个月），从生理层面阻断毒品的作用，预防复吸	防复吸巩固期，在戒毒的关键阶段提供持续保护	上海 3 年防复吸率 68%，有力保障了戒毒成果
干细胞治疗	利用干细胞的修复和再生能力，修复受损的神经和组织	改善因长期吸毒导致的身体机能衰退	深圳试点中，戒毒者身体机能恢复指标平均提升 35%

2. 操作标准化流程

为确保医学干预的规范性和安全性，戒毒医疗机构制定了严格的操作标准化流程（见表 4-50）。

表 4-50　医学干预操作流程表

步骤	医学干预类型	技术要求	法律备案要求
1	基因检测	必须在司法认证实验室进行，保证检测结果的准确性和可靠性	签署《基因信息保密协议》，严格保护戒毒者的隐私
2	替代药物治疗	借助医师远程监控系统，实现对药物治疗过程的实时跟踪和调整	每月向禁毒办提交用药记录，便于监管和评估
3	植入剂维护	每 6 个月由定点医院进行更换，确保植入剂的正常工作	区块链医疗档案同步，实现医疗信息的透明化和可追溯

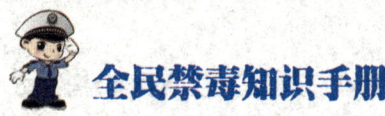

（续表）

步骤	医学干预类型	技术要求	法律备案要求
4	干细胞治疗	治疗前进行全面身体评估，由专业团队操作	治疗方案需司法审核备案，确保治疗合规

3. 生化监测指标表

通过对关键生化指标的监测，能够及时发现戒毒过程中的异常情况，采取相应的干预措施（见表4-51）。

表4-51　生化监测指标表

检测项目	正常范围	戒毒期预警阈值	干预措施
血清丁丙诺啡浓度	2~10ng/mL，维持在该范围内表明药物治疗效果稳定	<1.5ng/mL触发警报，提示药物浓度过低，可能影响治疗效果	调整剂量＋心理干预，综合调整治疗方案，确保戒毒者的康复进程
尿液甲基苯丙胺	阴性，正常情况下尿液中不应检测出甲基苯丙胺	阳性即启动复吸处置程序，一旦检测出阳性，立即采取措施，防止复吸情况恶化	强制隔离评估，对戒毒者的情况进行全面评估，决定后续的治疗方案
神经递质水平（多巴胺、血清素等）	符合年龄段正常范围	超出正常范围±20%，可能影响情绪和戒毒效果	药物调节＋心理辅导，改善神经递质平衡

（二）心理矫治：重建认知防线

心理因素在戒毒过程中起着至关重要的作用。通过正念防复吸训练、VR暴露疗法等心理技术，帮助戒毒者重建认知防线，克服心理依赖。

北京正念训练营数据表明，完成8周MBRP（正念复发预防）课程者，情绪性复吸事件减少 74%，渴求强度下降 61%。这一数据充分证明了正念训练在心理矫治方面的显著效果。

1. 心理技术矩阵

多种心理技术相互配合，为戒毒者提供全面的心理支持（见表 4-52）。

表 4-52　心理技术矩阵表

技术名称	核心方法	适用阶段	工具清单
正念防复吸训练	运用 4-7-8 呼吸法＋身体扫描，帮助戒毒者专注当下，觉察自身情绪和身体状态	康复巩固期，在身体逐渐恢复的基础上，进一步强化心理防线	脑电波反馈头环，实时监测脑电波变化，评估训练效果
VR 暴露疗法	模拟毒友引诱场景，让戒毒者在虚拟环境中面对诱惑，锻炼其拒绝能力	脱敏训练期，专门针对戒毒者对毒品相关场景的恐惧和依赖进行脱敏	HTCVivePro2.0 设备，提供高沉浸感的虚拟体验
沙盘治疗	通过家庭关系重构沙具摆放，帮助戒毒者梳理和改善家庭关系，促进社会回归	社会回归期，在戒毒者即将重新融入社会时，解决家庭关系问题	标准化沙盘治疗套装，确保治疗的规范性和有效性
认知行为疗法（CBT）	识别并纠正与毒品相关的错误认知和行为模式	戒毒全程，从根源上改变戒毒者的思维和行为	认知行为工作表，辅助戒毒者反思和改变

2. 正念训练八周课程表

按照科学的课程设置，逐步引导戒毒者掌握正念技巧，实现心理康复（见表 4-53）。

表 4-53　正念训练八周课程表

周次	主题	家庭作业	神经学效应（fMRI 监测）*
1	觉察渴求信号	每日记录 3 次渴求触发点，帮助戒毒者认识自己的渴求情绪	前额叶激活度提高 23%，提升前额叶的认知和控制能力

（续表）

周次	主题	家庭作业	神经学效应（fMRI监测）*
2	呼吸觉察练习	每天进行15分钟的4-7-8呼吸法练习	顶叶注意力区域活跃度提升18%
3	身体扫描训练	每周2次全身身体扫描练习	体感皮层敏感度改善27%
4	情绪脱钩训练	面对诱惑时背诵预设誓言，强化戒毒决心，摆脱情绪对行为的控制	杏仁核活跃度下降了37%，降低杏仁核的焦虑反应
5	思维观察训练	记录负面思维并分析其产生原因	前扣带回对思维冲突的调节能力提升32%
6	接纳与宽容练习	反思自己的过去并接纳不完美	海马体记忆整合功能优化24%
7	社会联结培养	与家人朋友进行深度交流	颞叶社交认知区域活性增强29%
8	社会角色重建	参加1次社区志愿服务，促进戒毒者重新融入社会，找到自己的社会角色	默认模式网络整合度提升41%，改善大脑的自我认知和社会认知功能

＊注：fMRI，功能性磁共振成像。

3. 心理测评工具

借助专业的心理测评工具，能够准确评估戒毒者的心理状态，及时发现复吸风险（见表4-54）。

表4-54　心理测评工具表

量表名称	评估维度	复吸风险阈值	干预建议
复吸高危量表（RSS）	从环境、情绪、社交等多个维度评估复吸风险	≥65分（高风险），表明戒毒者处于复吸的高风险状态	启动VR暴露治疗，通过模拟高危场景进行脱敏训练

（续表）

量表名称	评估维度	复吸风险阈值	干预建议
戒毒动机问卷（DMQ）	测量内在/外在动机强度，了解戒毒者的戒毒动力	≤40分（动机不足），提示戒毒者的戒毒动机较弱，需要进一步激发	强化死亡警示教育，通过直观的方式让戒毒者认识到毒品的危害，增强戒毒动机
心理健康综合量表（MHI）	涵盖焦虑、抑郁、自尊等多方面心理健康指标	低于常模2个标准差，需关注心理健康问题	转介专业心理治疗师，进行深度心理干预

（三）信息技术：数字戒毒卫士

信息技术的飞速发展为戒毒工作带来了新的机遇。智能手环、区块链尿检存证等技术的应用，实现了对戒毒者的实时监测和精准干预。

武汉智能手环监测数据表明，通过皮肤电反应（GSR）监测，预警渴求感的准确率达89%，干预响应时间缩短至8分钟。这一成果展示了信息技术在戒毒领域的巨大潜力。

1. 技术应用清单

一系列先进的信息技术为戒毒工作提供了有力的支持（见表4-55）。

表4-55　信息技术应用清单

技术名称	核心功能	司法协同机制	案例成效
智能手环	实时监测GSR/心率，及时捕捉戒毒者的生理信号变化，预警渴求感	数据直通公安禁毒平台，实现信息共享，便于及时采取干预措施	武汉戒毒人员复吸率下降37%，有效降低了复吸风险
区块链尿检存证	生成不可篡改的检测记录，确保尿检结果的真实性和可信度	法院采信率为100%，在司法程序中具有重要的证据价值	上海相关司法效率提高90%，提高了司法处理的效率和公正性

（续表）

技术名称	核心功能	司法协同机制	案例成效
AI复吸预测模型	深度分析通信、消费、定位等多维度数据，预测复吸风险	自动生成风险评估报告，为戒毒工作提供科学依据	深圳预警准确率达91%，提前发现潜在的复吸风险，实现精准防控
智能语音助手	提供24小时心理疏导和戒毒知识咨询	与心理专家数据库联动，必要时转接人工服务	重庆戒毒者心理问题解决率提高42%

2. 数据监控阈值表

设定合理的数据监控阈值，能够及时发现戒毒者的异常行为，采取相应的处置措施（见表4-56）。

表4-56 数据监控阈值表

数据维度	安全范围	橙色预警阈值	红色预警处置措施
夜间活动频率	≤2次/周（22:00～6:00），正常情况下戒毒者在夜间的活动应处于较低水平	3次/周，超过该阈值可能存在异常情况	冻结电子支付功能，限制资金流动，防止涉毒交易
高危区域停留	0分钟，戒毒者应避免进入高危区域	>10分钟，在高危区域停留时间过长，可能受到毒品诱惑。	自动通知辖区民警，及时进行干预
涉毒关键词通话	0次，正常情况下不应出现涉毒关键词通话	≥1次/周，频繁出现涉毒关键词通话，可能存在复吸风险	强制号码注销，切断与涉毒人员的联系
社交关系异常变动	每月新增陌生联系人≤5个	连续2个月新增陌生联系人>10个	社工介入调查社交关系

3. 技术操作手册

为确保技术的正确使用，戒毒所制定了详细的技术操作手册（见表4-57）。

表4-57　数据监控技术操作手册

设备名称	使用步骤	司法合规要求
智能手环	（1）每日佩戴 ≥ 20 小时，保证数据采集的完整性；（2）低电量自动报警，及时提醒充电，确保设备正常运行	数据存储周期 ≥ 3 年，满足司法监管和数据分析的需求
区块链尿检仪	（1）人脸识别验证，确保检测人员身份的真实性；（2）结果实时上链，保证检测结果的不可篡改和可追溯	司法调取接口标准化，便于司法部门依法调取相关数据
AI 复吸预测系统	定期更新数据，保证模型准确性	模型算法需司法备案，确保公平公正

（四）社会支持：编织安全网

社会支持是戒毒成功的重要保障。家庭治疗、同伴教育、就业帮扶等措施，为戒毒者提供了温暖的支持和帮助，助力他们重新融入社会。

上海就业帮扶计划中，参与"技能银行"培训者，3 年稳定就业率达79%，收入超社会平均工资 82%。这一成果充分体现了就业帮扶对戒毒者的重要意义。

1. 社会支持矩阵

多方面的社会支持措施形成了一个紧密的支持矩阵，全方位帮助戒毒者（见表4-58）。

表4-58　社会支持矩阵

支持类型	实施主体	核心措施	成效数据
家庭治疗	司法家事调解员，专业的调解人员帮助解决家庭矛盾	每月家庭会议＋关系量表评估，定期沟通和评估家庭关系	家庭矛盾减少68%，改善家庭氛围，为戒毒者提供稳定的家庭环境

（续表）

支持类型	实施主体	核心措施	成效数据
同伴教育	戒毒成功者协会，利用戒毒成功的"过来人"的经验和榜样力量	"过来人"每日线上督导，提供日常的心理支持和鼓励	复吸率下降53%，有效降低了复吸风险
就业帮扶	人社部认证企业，提供正规的就业渠道和岗位	过渡性岗位＋技能证书，帮助戒毒者获得就业机会和职业技能	平均月薪达5860元，实现经济独立，增强自信心
社区融入计划	社区居委会	组织社区活动，促进戒毒者与社区居民互动	社区接纳度提升47%，增强戒毒者的归属感

2. 上海"就业保障卡"制度

上海推出的"就业保障卡"制度，为戒毒者提供了更多的就业保障和机会（见表4-59）。

表4-59　就业保障表

服务内容	申领条件	合作企业	权益保障
快递员绿色通道	180天尿检阴性，证明戒毒者在一段时间内保持操守	顺丰、京东、美团等知名企业提供稳定的就业岗位	优先派单＋投诉豁免，给予戒毒者更多的工作机会和宽容
技术工种认证	通过数控机床操作考核，具备相应的职业技能	特斯拉、比亚迪等企业为戒毒者提供技术岗位的发展机会	薪资保密＋背景审查豁免，保护戒毒者的隐私和工作权益
创业扶持	有可行创业计划且戒毒满2年	创业孵化基地，提供场地、资金支持	税收减免＋创业导师指导

3.社会融入路线图

按照不同的阶段，制定了详细的社会融入路线图，帮助戒毒者逐步回归社会（见表4-60）。

表4-60 社会融入路线表

阶段	核心任务	司法支持措施	达标标志
0～6个月	住所安置＋家庭关系修复，解决基本生活问题和家庭矛盾	临时庇护所＋家事调解员，提供临时住所和家庭调解服务	连续3个月尿检阴性，表明戒毒者在生理上初步摆脱毒品依赖
6～12个月	技能培训＋模拟面试，提升职业技能和就业竞争力	司法认证培训机构，提供专业的培训和认证	获得国家职业技能证书，为就业做好准备
1～3年	信用修复＋社会角色重建，恢复社会信用，重新融入社会	区块链清白证明，提供信用证明，帮助戒毒者重新开始	恢复银行贷款资格，表明戒毒者在社会层面逐渐恢复正常
3～5年	社会贡献与回馈	参与社区公益活动，发挥自身价值	公益服务积分兑换奖励

戒毒工具箱

A.医学急救卡

纳洛酮鼻喷雾剂使用指南（可附司法备案二维码），在紧急情况下能够正确使用纳洛酮鼻喷雾剂进行急救，同时通过二维码可查询司法备案信息。

紧急联系人名单（含辖区民警／社工24小时电话），方便在需要时及时联系到相关人员，获得帮助。

常见戒断症状应对手册，提供各类戒断症状的处理方法。

B. 心理训练手册

正念呼吸法分步图解，以直观的方式展示正念呼吸法的操作步骤，便于戒毒者学习和练习。

VR暴露治疗场景清单（20个标准化场景），为VR暴露治疗提供丰富的场景选择，增强治疗效果。

CBT自我反思练习册，引导戒毒者进行认知行为反思。

C. 数字防护包

安装手机涉毒关键词过滤软件（司法认证版），自动过滤手机通信中的涉毒关键词，避免受到毒品相关信息的干扰。

区块链尿检报告查询端口，方便戒毒者和相关部门查询尿检报告，确保检测结果的透明和可追溯。

提示智能语音助手APP下载二维码，随时获取心理疏导和戒毒知识。

案例1：冰毒成瘾者李某的重生工具包

医学干预：基因检测指导美沙酮剂量（从80mg调整至105mg），通过精准的基因检测，调整药物剂量，提高治疗效果。

心理矫治：完成32次VR暴露训练（拒绝毒友成功率92%），经过多次的VR暴露训练，李某成功克服了心理障碍，提升了拒绝毒品的能力。

技术防护：智能手环触发7次预警并成功阻断复吸，智能手环发挥了实时监测和预警的作用，有效防止了复吸的发生。

社会支持：通过"技能银行"考取电工证，月收入8200元，在社会支持下，李某获得了职业技能和稳定的收入，实现了自我价值。

现状：保持操守4年，担任社区禁毒宣传员，李某不仅成功戒毒，还积极投身于禁毒宣传工作，用自己的经历帮助更多的人。

案例2：海洛因成瘾者张某的蜕变之路

医学干预：张某接受了肠道菌群移植手术，术后戒断期失眠状况得到极大改善。配合纳曲酮植入剂，从生理层面阻断毒品的作用，降低了对海洛因的依赖。在基因检测的指导下，医生为其精准调整了替代药物的剂量，有效缓解了戒断症状，身体机能逐渐恢复。

心理矫治：张某参与了为期8周的正念防复吸训练，通过规律练习4-7-8呼吸法和进行身体扫描，他能够更好地觉察自身情绪，有效应对渴求感。同时，完成了25次VR暴露训练，在模拟毒友引诱的场景中，拒绝成功率达到了89%，心理防线得到了极大的强化。

技术防护：张某佩戴智能手环，通过手环实时监测皮肤电反应和心率，多次在渴求感出现时及时预警。当张某进入高危区域或有异常行为时，手环也能迅速将信息反馈给监管人员，成功阻断了3次可能的复吸行为。

社会支持：在家庭治疗的帮助下，张某与家人的关系得到修复，家庭给予了他强大的情感支持。通过同伴教育，他结识了许多戒毒成功的伙伴，在他们的鼓励和监督下，坚定了戒毒的决心。参加就业帮扶计划后，张某学习了烹饪技能，获得了相关职业资格证书，在一家餐厅稳定工作，月收入达到6500元，实现了经济独立。

现状：张某保持操守3年，积极参与社区组织的禁毒宣传活动，用自己的亲身经历警示他人，成为社区戒毒康复的榜样。他还加入了同伴教育志愿者团队，定期为其他戒毒者分享经验，帮助他们更好地度过戒毒期，重新融入社会。

七、司法戒毒统一模式——"四区五中心"

在全球戒毒工作的大格局中，中国的"四区五中心"司法戒毒统一模

式展现出其独特的优势和创新之处。通过与国际上其他戒毒模式的对比，深入剖析其技术原理，以及展望未来的模式升级方向，我们能更全面地认识这一模式的价值与潜力。

（一）国际对比：中国模式的差异化优势

1. 与欧美"社区戒毒主导模式"对比（见表 4-61）

表 4-61　中国与欧美戒毒模式对照表

对比维度	中国"四区五中心"模式	欧美"社区戒毒主导模式"
模式特点	以强制隔离戒毒为主体，结合社区戒毒与自愿戒毒，形成"一体两翼"战略布局。依托"四区五中心"，涵盖生理脱毒、教育适应、康复巩固、回归指导全流程闭环管理	美国以"治疗社区（TC）"为主，主要依靠社会力量支持戒毒，强调戒毒者在社区环境中实现自我改变，但缺乏强有力的强制干预措施。北欧国家推行医疗化戒毒，如瑞典依据"LVM 法案"，侧重于医疗手段，但在戒毒阶段划分和区域设置上缺乏统一标准
成效数据	以安徽为例，通过"四区五中心"模式运行，3 年未复吸率达 80% 以上，有效降低了复吸率，提升了戒毒成效	美国复吸率普遍在 60% ~ 70%，较高的复吸率显示出该模式在强制戒毒和系统干预方面的不足。北欧国家虽有医疗化的尝试，但因缺乏统一标准，戒毒效果参差不齐
案例	安徽某戒毒所的戒毒人员王某，通过"四区五中心"模式，在生理脱毒区迅速缓解戒断症状，在教育适应区增强法律意识，在康复巩固区提升情绪管理能力，最终在回归指导区顺利掌握就业技能，成功回归社会，保持操守 3 年未复吸	美国戒毒者李某，在社区戒毒期间，因缺乏强制约束，多次与毒友接触，最终复吸，重新陷入毒品深渊

2. 与东南亚"宗教戒毒模式"对比（见表 4-62）

表4-62　中国与东南亚戒毒模式对照表

对比维度	中国"四区五中心"模式	东南亚"宗教戒毒模式"
模式特点	融合医学、心理学、信息技术等多学科技术，充分发挥各学科优势，实现科学戒毒。例如，青海省结合藏回医戒毒技术，利用藏药、回药的独特疗效，搭配神经反馈训练和VR暴露疗法，全面改善戒毒人员的身心状态	泰国寺庙戒毒主要依赖佛教教义，通过宗教修行和精神引导来帮助戒毒者，但缺乏科学的评估体系，难以准确衡量戒毒效果和戒毒者的身心恢复情况。缅甸部分机构采用强制劳动戒毒方式，虽有一定的约束作用，但存在较大的人权争议
成效数据	在青海省，采用藏回医戒毒技术后，戒毒人员入所体检率达100%，为后续戒毒治疗提供了全面准确的身体状况信息，有助于制定个性化的戒毒方案	泰国和缅甸因戒毒模式缺乏科学支撑，在戒毒效果和社会认可度方面存在较大问题
案例	青海戒毒人员张某，在接受藏回医戒毒技术治疗后，身体机能和精神状态明显改善，配合心理和技术干预，成功戒毒，回归社会后积极参与禁毒宣传	泰国戒毒者陈某，在寺庙戒毒后，因缺乏科学评估和后续跟踪，回到社会后不久再次复吸

3. 技术整合的国际差距（见表 4-63）

表4-63　技术应用对照表

对比维度	中国"四区五中心"模式	国际其他情况
技术应用	率先将区块链、AI预测模型应用于戒毒管理。如武汉"四戒联动"系统借助大数据对戒毒人员进行动态分流，根据戒毒人员的不同情况和风险等级，精准安排戒毒措施，复吸预警准确率达91%	发达国家如加拿大虽尝试利用VR治疗戒毒，但在司法数据与医疗系统的深度互联方面存在不足，无法实现数据的高效共享和综合利用，限制了戒毒工作的全面开展

（续表）

对比维度	中国"四区五中心"模式	国际其他情况
案例	武汉戒毒人员赵某，通过"四戒联动"系统，被精准评估为高风险人员，及时采取强制隔离戒毒措施，成功避免复吸	加拿大戒毒者刘某，因数据无法有效共享，在戒毒过程中未能及时得到全面的医疗和心理支持，导致复吸

（二）技术原理深化：科学戒治的底层逻辑

1. 神经调控技术（见表 4-64）

表 4-64 神经调控技术表

技术名称	原理	成效数据
经颅磁刺激（TMS）	通过磁场刺激前额叶皮层，调节多巴胺受体敏感性，进而影响大脑的奖赏机制，降低对毒品的渴望	安徽某所数据显示，TMS治疗使海洛因渴求反应下降58%，有效缓解了戒毒人员对海洛因的心理依赖
脑电生物反馈（EEG）	实时监测 α 波活跃度，α 波与大脑的放松、注意力集中状态相关，通过训练增强 α 波活跃度，提升决策控制能力	北京某实验表明，6 周训练可使前额叶功能恢复速度提升41%，帮助戒毒人员更好地控制自身行为和情绪
案例	安徽戒毒人员孙某，接受 TMS 治疗后，对海洛因的渴望明显降低，配合康复训练，成功克服心理依赖。北京戒毒人员钱某，经过 6 周 EEG 训练，在面对毒品诱惑时能够更好地控制自己的行为	—

2.VR 暴露疗法的行为干预机制（见表 4-65）

表 4-65 VR 暴露疗法

干预维度	原理	成效数据
场景模拟	再现毒友引诱、吸毒工具接触等高危场景，让戒毒人员在虚拟环境中反复面对这些场景，逐渐降低对毒品相关刺激的敏感度	武汉强戒所应用 VR 训练后，拒绝毒友的成功率从42%提升至71%，提升了戒毒人员抵制毒品诱惑的能力

（续表）

干预维度	原理	成效数据
神经学效应	fMRI 显示，训练后杏仁核活跃度下降37%，杏仁核与情绪反应密切相关，活跃度下降表明情绪稳定性增强；前额叶—边缘系统连接增强，提升了大脑对情绪和行为的控制能力	通过神经学指标的变化，直观体现了 VR 暴露疗法对大脑功能的积极影响
案例	武汉戒毒人员周某，在接受 VR 暴露疗法后，多次成功拒绝虚拟场景中的毒友引诱，回归社会后也能坚定抵制毒品	—

3. 大数据驱动的动态风险评估（见表 4-66）

表 4-66　动态风险评估表

评估维度	原理	成效数据
多维度建模	整合通信记录、消费行为、定位轨迹等多维度数据，构建复吸风险指数。通过分析这些数据，挖掘潜在的复吸风险因素	深圳 AI 模型通过分析夜间大额现金交易（单笔＞5000 元）等异常消费行为，预警准确率达89%，及时发现可能存在复吸风险的戒毒人员
区块链存证	利用区块链技术的不可篡改特性，对尿检记录等关键数据进行存证，确保数据的真实性和可信度，提升司法采信率	上海应用区块链存证后，戒毒纠纷案件减少73%，有效解决了因数据争议引发的司法纠纷
案例	深圳戒毒人员吴某，因夜间大额现金交易被 AI 模型预警，及时干预后避免其复吸。上海戒毒人员郑某，凭借区块链存证的尿检记录，在司法纠纷中顺利解决争议	—

（三）模式升级方向：对标国际前沿

1.精准医疗戒毒（见表4-67）

表4-67　精准医疗戒毒设想表

升级方向	具体内容
基因检测指导用药	通过筛查OPRM1基因突变，了解戒毒人员的基因特征，个性化调整美沙酮剂量。例如，突变者需增加20%～30%的剂量，以确保药物治疗的有效性，实现精准用药
纳米药物递送系统	研发缓释纳曲酮植入剂，利用纳米技术优化药物递送方式，将有效期从当前的6个月延长至12个月，为戒毒人员提供更长效的防复吸保护
效果设想	未来戒毒人员陈某，通过基因检测精准调整美沙酮剂量，戒毒效果显著提升；戒毒人员张某，使用纳米技术的缓释纳曲酮植入剂，12个月内有效防止复吸

2.构建"智慧戒毒"生态（见表4-68）

表4-68　智慧戒毒设想表

升级方向	具体内容
数字孪生技术	创建戒毒人员虚拟镜像，通过采集戒毒人员的生理、心理、行为等多方面数据，构建虚拟模型，模拟不同干预方案的长期效果，为制定个性化戒毒方案提供科学依据。福建未戒所试点"AI教官"，利用人工智能实现24小时个性化矫治，满足戒毒人员的不同需求
元宇宙戒治场景	开发沉浸式社交训练空间，借助元宇宙技术，让戒毒人员在虚拟环境中进行社交互动，学习社交技巧，重建健康的人际关系，更好地适应社会生活
效果设想	福建戒毒人员赵某，通过"AI教官"的个性化矫治，戒毒效果良好；未来戒毒人员孙某，在元宇宙戒治场景中提升社交能力，回归社会后能迅速融入

3. 全球协作机制（见表 4-69）

表 4-69　全球协作戒毒设想表

升级方向	具体内容
数据共享平台	推动"一带一路"国家戒毒数据互联，建立统一的数据共享平台。通过对比分析不同国家和地区的文化差异对戒治效果的影响，总结经验，优化戒毒模式
技术输出	将"四区五中心"标准化体系推广至东南亚、非洲国家，如缅甸、肯尼亚等，帮助这些国家建立科学的戒毒体系，提升全球戒毒工作水平
效果设想	未来通过数据共享平台，中国与东南亚国家共同分析数据，优化戒毒模式；缅甸在引入"四区五中心"模式后，戒毒工作取得显著进展

　　吸毒是一条毁灭之路，但戒毒是一条重生之路。无论是吴某因曲马多成瘾导致的身体崩溃，还是程序员张某因冰毒摧毁的职业生涯，每一个案例都在告诉我们：毒品的代价是惨痛的，但戒断的希望是真实的。我国戒毒系统为戒毒人员提供了坚实的支持：从武汉"提示单"制度的快速干预，到北京"五见面"机制的全方位监督，再到上海"就业保障卡"的职业重建，每一步都在为戒毒人员铺就一条回归社会的道路。司法戒毒的"四区五中心"模式，从生理脱毒到心理重塑，从技能培训到社会融入，正在用科学的方法和人性化的关怀，帮助戒毒人员摆脱毒瘾的枷锁。

　　戒毒是一场艰难的战斗，但戒毒人员不是一个人在战斗。家人、社工、医生、同伴，甚至司法系统的每一个环节，都在为他们提供支持。每一次拒绝毒品的诱惑，每一次坚持康复训练，都是向重生迈出的一步。请戒毒人员相信，戒毒不仅是可能的，更是值得的；你的未来，依然充满希望。勇敢地迈出第一步，重生的力量就在你手中。

第五章
拒绝复吸：
构建终身的防御体系

对于那些在戒毒道路上艰难前行的人们而言，成功戒毒仅仅是一个全新的起点，而如何在今后漫长的人生岁月中，彻底杜绝复吸的可能性，构建起坚不可摧的终身防御体系，才是真正关乎他们能否重获新生、回归正常生活的关键所在。这一过程充满了荆棘与挑战，犹如在悬崖边缘行走，稍有不慎便可能前功尽弃。

为了帮助戒毒者顺利跨越重重障碍，我们需要深入剖析复吸的潜在诱因，探寻切实可行的防御策略，掌握有效的应对方法，充分借助先进的科技手段及广泛的社会支持力量，为他们的康复之路铺就坚实的基石，照亮前行的方向。

一、复吸：隐匿在暗处的"致命旋涡"

在很多人的认知里，吸毒或许只是简单的"沾上毒品"，而复吸，也常被误解为"继续吸毒"。但实际上，复吸是戒毒者在经历了艰苦的戒毒过程后，再次陷入毒品泥沼的悲惨境遇，是戒毒失败后痛苦的二次沉沦。

从科学角度严格定义，复吸指的是吸毒者在完成生理脱毒，即身体停止对毒品的摄入后，由于内心深处强烈的心理依赖、周围充满诱惑的环境，或是来自社会各方面的巨大压力，而重新主动或在不知不觉中被动地再次使用成瘾物质的行为。

（一）复吸的关键特征

"清醒期"的短暂希望：吸毒者需要经历至少24小时以上的戒断状态，这段时间他们脱离了毒品的直接控制，看似迎来了新生的曙光，然而这只是暴风雨前的短暂宁静。根据相关研究，这一"清醒期"的维持对许多戒毒者来说已经是巨大的挑战，能成功度过一周以上清醒期的戒毒者，仅占戒毒总人数的30%左右。

微小剂量引发的全面崩塌：复吸往往始于看似微不足道的"一小口"，可能是"一口烟""一粒药"，但就是这看似不起眼的开始，却能在瞬间打破戒毒者好不容易建立起来的心理防线，让他们之前的所有努力付诸东流，迅速陷入全面失控的状态。一项针对 1000 名复吸者的调查显示，超过 85% 的人承认复吸是从尝试微小剂量的毒品开始的。

令人咋舌的高复发率：世界卫生组织公布的数据令人触目惊心，超过 70% 的戒毒者会在 1 年内再次经历复吸。这意味着，在戒毒这条充满荆棘的道路上，大多数人都难以逃脱复吸的阴影，每 10 个戒毒者中，就有 7 个可能在短短一年内再次陷入毒品的深渊。

（二）复吸比初吸更危险

1. 身体机能会极速衰退

剂量失控的死亡陷阱：复吸者在毒品的驱使下，为了追求曾经的快感，往往会不顾一切地使用远超身体承受极限的剂量。以海洛因为例，海洛因复吸者过量注射致死率是初吸者的 3.2 倍。在一项针对海洛因复吸者的追踪调查中，发现复吸者首次复吸时平均使用的海洛因剂量比初吸时高出了 50%，这使得他们的身体瞬间承受了巨大的压力，心脏、呼吸系统等重要器官不堪重负，导致死亡的风险急剧上升。

器官衰竭的快速降临：在戒毒的戒断期，肝脏、肾脏等重要器官已经因为长期吸毒和戒断反应而受到了不同程度的损伤，正处于脆弱的恢复阶段。此时，复吸无疑是对这些器官的致命一击，直接加速了多器官功能的崩溃。医学研究表明，复吸后，肝脏功能衰竭的发生概率比正常人群高出 8 倍，肾脏功能衰竭的风险更是增加了 10 倍以上，许多复吸者在短时间内就会出现严重的器官病变，生命岌岌可危。

2. 心理防线会彻底崩塌

自我否定的绝望深渊：复吸往往会让戒毒者陷入深深的自我否定之中，"我永远戒不掉"的绝望感如影随形，这种负面情绪会逐渐消磨他们的意志，让他们彻底放弃治疗。一项针对复吸者的心理研究发现，90%以上的复吸者在复吸后都出现了严重的抑郁症状，其中有50%的人表示有过自杀的念头，他们认为自己已经没有希望摆脱毒品的控制，生活彻底陷入了无尽的黑暗。

记忆强化的成瘾枷锁：脑成像研究证实，复吸1次，大脑对毒品的敏感度就会提升50%。这意味着复吸后，毒品对大脑的刺激会变得更加强烈，大脑中的奖赏回路被进一步扭曲，吸毒者对毒品的渴望也会变得更加难以抑制。每一次复吸都像是在大脑中加深一道烙印，让成瘾的枷锁越锁越紧，戒毒变得更加困难。

3. 社会危害会成倍放大

家庭破碎的悲剧上演：复吸对家庭的打击是毁灭性的。中国疾控中心的调研数据显示，复吸导致亲属心理创伤率高达89%。原本幸福美满的家庭，因为复吸者的再次堕落而支离破碎。父母为子女的复吸痛心疾首，夫妻之间的感情也因为复吸而破裂，孩子在这样的家庭环境中成长，心灵也会受到极大的伤害。例如，孩子因为父亲的复吸，性格变得孤僻、自卑，学习成绩一落千丈，甚至最终走上了犯罪的道路。

犯罪升级的社会危机：复吸者为了获取购买毒品的资金，往往会不择手段，参与贩毒、抢劫等恶性犯罪的比例大幅提升。据统计，复吸者参与恶性犯罪的比例比初吸者提高了4倍。这些犯罪行为严重威胁到了社会的安全和稳定，给其他无辜的人带来了巨大的伤害。在一些地区，因为复吸者的犯罪活动，社会治安状况急剧恶化，居民的生活安全感大幅下降。

（三）三大认知误区

误区一：复吸说明戒毒没用

戒毒成功是一个复杂而系统的工程，需要生理脱毒、心理康复和社会支持这三大支柱共同支撑。生理脱毒只是第一步，它帮助吸毒者摆脱身体对毒品的依赖；心理康复则是帮助他们修复受损的心理，克服对毒品的心理依赖；而社会支持则为他们提供一个良好的回归社会的环境，帮助他们重新融入社会。

要想戒毒成功，这三者缺一不可。一项针对 1000 名成功戒毒者的研究发现，在实现终身戒断的人群中，95% 的人都得到了充分的社会支持，80% 的人接受了专业的心理康复治疗。全球范围内有 30% 的戒毒者在这三方面的共同作用下实现了终身戒断（WHO 数据）。

误区二：偶尔吸一口没关系

1 次复吸即可瞬间重启成瘾循环，而且在复吸后的 3 天内，复吸率高达 80%。一旦再次接触毒品，大脑中的奖赏回路会被迅速重新激活，让吸毒者再次陷入对毒品的强烈渴望之中。这一结论得到了《自然－神经科学》研究的有力支持。研究人员通过对动物和人类的实验发现，复吸后大脑中的神经递质水平会发生急剧变化，多巴胺等与快感相关的神经递质大量释放，从而强化了吸毒者对毒品的依赖。

误区三：复吸者没救了

在专业治疗的帮助下，超过 60% 的复吸者能够重建长期戒断（2 年以上）的生活。专业的治疗包括药物治疗、心理治疗、康复训练等多种手段，能够针对复吸者的不同情况进行个性化的干预。

中国"阳光工程"5 年追踪数据为这一观点提供了有力的证据。在参与"阳光工程"的复吸者中，经过专业治疗后，有 65% 的人成功实现了

2 年以上的戒断，其中有 30% 的人已经保持戒断状态超过 5 年，重新过上了正常的生活。

复吸本质上是一种慢性脑病的复发，它不是个人的道德问题，而是一种需要专业医学干预的疾病。我们应该摒弃对复吸者的道德审判，给予他们更多的理解和帮助。复吸的危害呈现指数级增长的趋势，在复吸后的 72 小时内，及时进行专业介入，能够有效阻断 90% 的恶化风险。这就需要我们建立完善的戒毒康复体系，能够在第一时间为复吸者提供帮助。社会支持是打破复吸循环的关键所在。一个复吸者的背后，往往关联着 10 个潜在的受害者，他们可能是复吸者的家人、朋友，也可能是社会中的普通民众。因此，全社会都应该行动起来，共同为复吸者提供支持和帮助，让他们能够重新回归社会。

张三曾经是一名深陷毒品泥潭的吸毒者，经过艰苦的努力，他成功戒毒。然而，在一次朋友的聚会上，他没能抵制住诱惑，再次吸食了毒品，从此陷入了复吸的深渊。他的生活变得一团糟，工作丢了，家庭也濒临破裂。就在他感到绝望的时候，家人没有放弃他，而是积极为他寻求专业机构的帮助。在家人和专业机构的共同努力下，张三接受了系统的戒毒治疗和心理辅导。经过两年的时间，张三终于成功摆脱了毒品的控制，重新走上了正轨。现在他不仅找到了一份稳定的工作，还成为一名戒毒志愿者，用自己的亲身经历去帮助了更多的人。

二、隐形陷阱：识别复吸的诱因

在戒毒者努力回归正常生活的过程中，复吸的风险犹如隐藏在暗处的陷阱，随时可能将他们再次拖入毒品的深渊。了解这些潜在的复吸诱因，就如同提前发现陷阱的位置，能够帮助戒毒者更好地规避风险，保护自己来之不易的戒毒成果。接下来，我们将从环境诱因和预警信号两个方面深入剖析，让这些隐形陷阱无所遁形。

（一）环境诱因：远离高危场景

环境对戒毒者的影响是巨大的，一些看似平常的场景，却可能成为复吸的导火索。在日常生活中，戒毒者周围的环境中潜藏着各种诱惑，而他们往往在不经意间就会陷入其中。接下来，我们将通过具体案例来详细了解这些容易引发复吸的环境诱因，以及环境隔离对于防止复吸的重要性。

1.毒友聚集地

毒品圈子就像是一个充满黑暗魔力的旋涡，一旦踏入，便很难挣脱。卡车司机李某的经历便是一个极为惨痛的教训。

李某原本拥有一个令人羡慕的幸福家庭，妻子温柔体贴，孩子天真可爱，自己的运输工作稳定且收入颇丰，生活充满了希望和阳光。然而，命运的转折总是在不经意间发生。

一次在长途运输的服务区休息时，他结识了毒友"豹哥"。在"豹哥"别有用心的花言巧语和不断蛊惑下，李某逐渐放松了警惕，在好奇心的驱使下尝试了冰毒。这一试，就如同打开了潘多拉的盒子，从此他踏上了一条黑暗的不归路。毒品迅速侵蚀了他的生活，让他逐渐失去了自我控制的能力。经过漫长而痛苦的戒毒过程，李某终于成功戒掉了毒品，他满心欢喜地期待着回归正常生活，重新找回曾经的幸福。但命运似乎对他格外残酷，一次偶然的机会，他在服务区再次遇到了"豹哥"。曾经吸毒时的记忆和那种虚幻的快感瞬间涌上心头，在强烈的诱惑面前，他原本坚定的意志力瞬间崩塌，就像一座被洪水冲垮的堤坝。他再次陷入了冰毒的深渊，无法自拔。复吸后的他，生活彻底陷入了混乱和绝望的深渊。工作因为他频繁请假和精神恍惚而无法继续，家庭也因为他的吸毒行为而支离破碎。妻子无法忍受他的堕落和对家庭的伤害，带着孩子离开了他。为了购买毒品，他不仅花光了所有积蓄，还欠下了巨额债务，生活陷入了无尽的黑暗之中，看不到一丝希望的曙光。

李某的案例深刻地警示我们，毒友聚集地及与毒友的接触，对于戒毒者来说是极其危险的，必须坚决远离。

2. 情绪波动期

情绪对于戒毒者而言，就像是一把"双刃剑"，既能成为他们积极向上的动力源泉，也可能在不经意间成为复吸的导火索。重庆的邹某便是在情绪的旋涡中迷失了自我，陷入了复吸的泥沼。

邹某与妻子原本感情深厚，夫妻二人相互扶持，生活平淡而幸福。但一次激烈的争吵，让他的心情瞬间跌入了谷底，仿佛从天堂坠入了地狱。在极度低落和绝望的情绪笼罩下，他觉得生活失去了意义，未来一片迷茫，仿佛置身于无尽的黑暗之中，找不到前行的方向。此时，他偶遇了曾经的毒友邬某。邬某敏锐地察觉到了他的情绪低落，便趁机怂恿他通过注射海洛因来寻求解脱。在那一刻，邹某被痛苦和绝望冲昏了头脑，理智被情绪完全淹没。他为了寻求短暂的逃避和麻痹，不顾后果地选择了再次吸毒。然而，他万万没有想到，这次复吸让他付出了惨重的代价。很快，他就被警方逮捕，失去了自由。而他的母亲，一位含辛茹苦将他养大的老人，无法承受儿子再次吸毒的沉重打击，不久便含恨离世。一个原本充满温暖和幸福的家庭，就这样被毒品无情地摧毁，只留下无尽的悔恨和痛苦像一把把尖锐的刀，刺痛着邹某的心。

这一案例充分表明，在情绪波动期，戒毒者的心理防线最为脆弱，很容易受到外界的诱惑，从而导致复吸。

3. 警惕并远离周遭环境中的高危风险

戒毒人员常说："最难的不是熬过生理戒断，而是如何抵抗生活中的一个个高危瞬间。"这些高危瞬间可能是主观的状态，如消极的情感。但也有可能是客观的周边环境，如娱乐场所的放纵，某些视觉、声音或气味的引诱，等等。但是，不管它们是什么，它们都对戒毒人员构成了危险的信号。

陵水的黄某，在社区戒毒期间，入住酒店时放松了警惕。酒店这个看似普通的环境，却隐藏着危险的诱惑。在酒店里，他接触到了一些不良信息，这些信息如同催化剂一般，激发了他内心深处对毒品的渴望。尽管他知道吸毒的后果是多么严重，但在那一刻，他还是没能控制住自己，选择复吸。后来，警方通过先进的毛发检测技术发现了他的毒品阳性反应，依法对他进行了行政拘留。

这一案例深刻地警示我们，无论身处何种环境，戒毒者都不能有丝毫的松懈和麻痹大意，即使是在相对安全的环境中，也可能存在各种潜在的复吸风险，环境隔离对于防止复吸至关重要。远离一切可能诱发复吸的因素，为自己创造一个纯净、安全的生活环境，就像守护珍贵的宝藏一样，守护好自己的戒毒成果。

（二）预警信号：生理与心理的警报

戒毒者在康复过程中，身体和心理会发出一些预警信号，这些信号就像是暴风雨来临前的乌云，预示着复吸风险的逼近。及时捕捉并理解这些信号，能够帮助戒毒者提前做好防范措施，避免复吸的发生。下面我们将从渴求感曲线图和行为异常信号两个方面来探讨这些预警信号。

渴求感曲线图：上海强制隔离戒毒所多年来对大量戒毒者的跟踪研究数据显示，戒毒者在戒断后的 3 ~ 6 个月，复吸的风险处于高峰期，此时他们对毒品的渴求强度也达到了峰值。在这个阶段，身体内的毒品残留逐渐排出，生理上的戒断反应虽然有所减轻，但大脑中的神经回路由于长期受到毒品的影响，还未完全恢复正常。毒品在大脑中形成的"奖赏机制"依然存在，对毒品的记忆和渴望依然强烈。许多戒毒者在这个时期，稍有外界的刺激或自身情绪的波动，就很容易重新陷入毒品的泥沼。

例如，一些戒毒者在看到与毒品相关的物品、场景，或者遇到生活中的挫折时，就会不由自主地产生对毒品的强烈渴望，从而导致复吸行为的发生。就像在平静的湖面上投入一颗石子，原本平静的内心瞬间泛起层层涟漪，最终引发惊涛骇浪。了解渴求感曲线图的变化规律，能够让戒毒者和相关工作人员提前做好心理和应对措施的准备，在关键时期给予戒毒者更多的支持和引导。

行为异常信号：身体的变化往往是复吸的前奏，就像暴风雨来临前的乌云，预示着危险的逼近。

襄城的严某，在复吸前一段时间，出现了"深夜归家、脾气暴躁"等异常行为。家人和朋友起初并未在意，认为这可能只是他最近工作压力大或者心情不佳导致的。然而，这些看似平常的行为，实际上正是他内心重新渴望毒品的外在表现。毒品对人体的神经系统有着深远的影响，当戒毒者的身体开始对毒品产生渴望时，神经系统会发生一系列的变化，从而导致其行为举止出现异常。果不其然，后来他被检测出甲基苯丙胺阳性，再次走上了吸毒的道路。

这一案例提醒我们，身边的人要密切关注戒毒者的行为变化，及时发现潜在的复吸风险。一旦发现戒毒者出现异常行为，要及时与他们沟通交流，了解他们的内心想法和需求，必要时寻求专业人士的帮助，将复吸的风险扼杀在萌芽状态。就像园丁呵护幼苗一样，及时发现并处理可能影响幼苗成长的问题，让戒毒者能够健康地成长，回归正常生活。

三、防御策略：四大核心防线

在清楚认识到复吸的诱因和预警信号后，我们需要构建起坚实的防御策略，如同构筑起坚固的城墙，抵御复吸的侵袭。接下来将从环境净化、生理阻断、心理防御和社会支持这四个方面，详细阐述构建防御体系的关键防线，为戒毒者提供全方位的保护。

（一）环境净化：切断复吸源头

环境因素在复吸过程中起着至关重要的作用，净化环境就如同切断复吸的源头，能够从根本上减少复吸的可能性。我们将从物理隔离和数字清理两个角度来探讨如何实现环境净化，为戒毒者创造一个安全、纯净的生活环境。

物理隔离：戒毒者要远离曾经的生活环境，隔绝从前的人际关系网络，从物理层面为自己营造一个"隔离"环境。

武汉的李某，在戒毒所成功戒毒出所后，深刻认识到好的环境对自己戒毒成果的重要性。他明白，只要还与以前的毒友和吸毒环境有联系，自己就很难彻底摆脱毒品的阴影。于是，他果断更换了手机号，让毒友无法再联系到他。同时，他毅然搬离了原社区，选择了一个全新的居住环境，避免接触到曾经吸毒的场景和人。为了确保自己能够彻底断绝与过去的联系，他还主动向新邻居和周围的人坦诚自己的戒毒经历，寻求他们的理解和支持。经过一段时间的努力，他的复吸率下降了73%。这种物理隔离的方式，有效地减少了他接触毒品的机会，为他的康复创造了良好的外部条件。他重新找到了一份工作，结交了新的朋友，生活逐渐步入了正轨。

李某的经历告诉我们，物理隔离是一种简单而有效的防复吸方法，戒毒者要勇敢地迈出这一步，彻底斩断与毒品相关的一切联系。就像剪断束缚自己的绳索，挣脱黑暗的束缚，走向光明的未来。

数字清理：随着互联网的飞速发展，毒品交易和传播也呈现出数字化的趋势。毒品犯罪分子利用互联网的隐蔽性和便捷性，通过社交群组、暗网等平台进行毒品信息的传播和交易。

广州的陈某，因吸食"依托咪酯"电子烟被强制隔离。调查发现，他是通过一些社交群组获取毒品信息和购买渠道的。在这些群组中，充斥着各种涉毒暗语，如"叶子"代表大麻、"飞"代表毒品交易等。这些暗语就像一层伪装，使得毒品交易在网络世界中悄然进行，难以被察觉。陈某在好奇心的驱使下，逐渐陷入了这个毒品陷阱。

这警示我们，必须加强对网络环境的监管，加大对涉毒网络群组的打击力度。同时，戒毒者自身也要提高警惕，主动屏蔽这些涉毒群组，防止受到不良信息的诱惑。互联网企业也应承担起社会责任，加强对平台内容的审核，及时发现和处理涉毒信息，共同营造一个清朗的网络空间。就像清扫房间里的灰尘一样，清除网络世界中的毒品污垢，让互联网成为戒毒者康复的助力，而非复吸的陷阱。

（二）生理阻断：药物与技术的结合

生理上对毒品的依赖是导致复吸的重要因素之一，通过药物与技术的结合，可以有效地阻断这种依赖，降低复吸的风险。接下来我们将介绍长效药物干预和紧急阻断包这两种方法，为戒毒者的生理防御提供有力支持。

长效药物干预：上海强制隔离戒毒所在多年的实践中，积极推广每月纳曲酮注射的长效药物干预措施。纳曲酮是一种阿片受体拮抗剂，它能够与大脑中的阿片受体结合，从而有效阻断毒品对大脑的作用，降低戒毒者对毒品的渴求。经过大量的数据统计分析，采用这种方式，3 年内防复吸有效率达到了 68%。许多戒毒者在接受纳曲酮注射后，成功抵御了毒品的诱惑，重新回归了正常生活。

戒毒者张某在接受纳曲酮注射后，即使在遇到曾经的毒友诱惑时，也能坚定地拒绝毒品。他表示，纳曲酮让他的内心变得更加平静，对毒品的渴望明显减少。

长效药物干预为戒毒者提供了一种生理上的保障，帮助他们在戒毒的道路上更加坚定地前行。然而，药物治疗也并非万能的，它需要与心理治疗、社会支持等相结合，才能达到更好的效果。虽然它就像为戒毒者穿上了一层防护铠甲，但还需要其他装备的配合，才能帮助戒毒者在戒毒的战场上取得最终的胜利。

紧急阻断包：紧急阻断包是一种简单而实用的防复吸工具，它可以在关键时刻为戒毒者提供一种自救的手段。

江苏的张某，在戒毒后保留了部分冰毒，这无疑是给自己埋下了一颗定时炸弹。在一次与朋友聚会时，经不住诱惑，他邀友复吸，最终被警方发现并判刑。如果他当时携带了紧急阻断包，里面装有辣椒素咀嚼片或冰敷袋，在毒瘾发作时，通过咀嚼辣椒素咀嚼片，利用辣椒素对口腔和咽喉的刺激，或者使用冰敷袋，通过低温刺激皮肤，都可以刺激身体的其他感官，从而转移对毒品的渴求冲动，避免复吸行为的发生。

戒毒者可以随身携带紧急阻断包，当遇到毒瘾发作的紧急情况时，能够及时采取措施，控制自己的行为。同时，社会也应该加强对紧急阻断包的宣传和推广，让更多的戒毒者了解并使用这一工具。就像在黑暗中为戒毒者点亮一盏明灯，在关键时刻给予他们希望和帮助，让他们能够战胜毒瘾，走向光明。

（三）心理防御：训练与干预

心理因素在戒毒和防止复吸过程中占据着核心地位，通过有效的心理训练与干预，可以增强戒毒者的心理韧性，提高他们抵御毒品诱惑的能力。下面我们将介绍 15 分钟拖延术和 VR 高危场景模拟这两种心理防御方法，帮助戒毒者筑牢心理防线。

15 分钟拖延术： 这种方法通过转移注意力和自我调节，帮助戒毒者在关键时刻控制住自己的行为。

阿毛曾经是一名吸毒者，在戒毒后，有一次差点复吸。当时，他的毒瘾突然发作，内心十分挣扎，仿佛有两个声音在他耳边争吵，一个声音告诉他吸毒可以带来短暂的快乐和解脱，另一个声音则提醒他吸毒的后果和自己曾经的努力。就在他即将走向毒品的时候，他想起了戒毒所里学到的"15 分钟拖延术"。他按照流程，先喝了一杯水，让自己冷静下来，水的清凉让他的头脑稍微清醒了一些。然后，他给戒毒辅导员打电话，倾诉自己的感受，在与辅导员的交流中，他感受到了关心和支持，内心的焦虑和渴望也得到了一定程度的缓解。同时，他记录下自己此刻的心理变化，通过文字的方式将内心的感受表达出来，这让他更加清楚地认识到自己的情绪和想法。在这15分钟里，他的毒瘾逐渐减弱，最终成功避免了复吸。

15分钟拖延术不仅是一种技巧，更是一种心理暗示，它让戒毒者相信自己有能力战胜毒瘾，只要坚持15分钟，就有可能度过最艰难的时刻。就像在黑暗的隧道中，为戒毒者指明了一个短暂的目标，只要坚持走到这个目标，就能看到出口的曙光。

VR高危场景模拟：武汉强戒所利用先进的VR技术，开展高危场景模拟训练。在模拟场景中，受训者会遇到各种可能导致复吸的情况，如毒友递烟、提供毒品等。通过反复地模拟训练，他们学会了如何应对这些场景，提升了拒绝毒品的能力。

例如，在模拟场景中，当毒友递烟时，戒毒者可以通过VR设备模拟出拒绝的动作和语言，并在模拟过程中得到专业人员的指导和反馈。根据数据显示，经过VR高危场景模拟训练的戒毒者，拒绝毒友成功率提升了65%。VR高危场景模拟训练具有高度的沉浸感和真实感，能够让戒毒者在安全的环境中提前体验到可能遇到的危险情况，从而更好地做好心理准备和应对策略。同时，随着技术的不断发展，VR高危场景模拟训练还可以根据每个戒毒者的实际情况，个性化地生成模拟场景，提高训练的针对性和有效性。就像为戒毒者提供了一个虚拟的战场，让他们在实战演练中不断提升自己的战斗力，以应对现实生活中的毒品挑战。

（四）社会支持：家庭与司法的合力

戒毒者的康复离不开社会的支持，家庭和司法作为社会支持体系的重

要组成部分，发挥着不可替代的作用。家庭的关爱和司法的保障，能够为戒毒者提供温暖和力量，帮助他们重新融入社会。下面我们将介绍司法信用积分和家庭—社工联防这两种社会支持方式，展现家庭与司法在戒毒过程中的强大合力。

司法信用积分：在戒毒实际操作中，各地会根据具体情况，制定更为细化的管理措施，其中包括司法信用积分制度，以激励戒毒人员积极参与治疗与康复，提高戒毒成功率，重新融入社会。

四川的王某，因吸毒犯罪留下了前科，在戒毒后找工作四处碰壁。他四处投递简历，却总是因为自己的犯罪记录而被拒绝。一次次的挫折让他感到无比沮丧和绝望，甚至一度产生了放弃的念头。后来，他得知了司法就业扶持计划，这个计划为他带来了一丝希望。通过努力，他获得了外卖员的资格。但这一资格需要他连续6个月尿检阴性才能解锁。在这6个月里，司法部门的工作人员定期对他进行尿检，同时给予他心理上的支持和鼓励。每当他遇到困难和挫折时，工作人员都会耐心地帮助他解决问题，鼓励他坚持下去。在司法部门的监督和支持下，他努力保持戒毒成果，最终成功获得了外卖员资格。他重新找回了生活的信心和勇气，通过自己的努力工作，逐渐融入了社会。

司法信用积分制度不仅为戒毒者提供了重新就业的机会，也激励他们努力保持戒毒成果，是社会支持网络中的重要一环。它就像是一座桥梁，连接着戒毒者与正常社会生活，让他们有机会重新开始，弥补曾经犯下的过错，重新赢得社会的认可和尊重。

家庭—社工联防：家庭是戒毒者最坚实的后盾，家人的关爱和支持是戒毒者战胜毒瘾的强大动力。同时，社工的专业介入也能够为戒毒者提供更全面的帮助。家庭与社工的紧密合作，形成了强大的社会支持网络，共同助力戒毒者回归正常生活。

龙某因吸毒行为多次被责令强制隔离戒毒，出戒毒所后执行社区康复协议。龙某因吸毒问题与妻子离婚，儿子无人照顾，长期寄托在龙某父母家，因此龙某对儿子十分愧疚。社工对龙某接案之后，运用聆听、同理的方式，回顾并梳理了龙某和儿子之间的关系。在谈话过程中，龙某意识到吸毒行为严重影响了自己的家庭生活，对于儿子的成长也会造成一种缺失。社工引导龙某从侧面关注其儿子的成长。龙某儿子也提出想要与龙某多一些陪伴以及互动。龙某最关心和在意的是儿子，为了儿子的成长他有强烈的改变意愿，龙某的父母也关心和接纳龙某的过往吸毒经历，监督他的生活情况。在父母、儿子的陪伴下，也在社工的专业介入和支持下，龙某坚守了自己的戒毒决心。

在这个案例中，儿子是龙某的戒毒精神力量，父母是龙某的戒毒监督力量。社工活学活用"家庭—社工联防"理论，通过加强龙某与家庭的羁绊，提高了龙某的家庭责任感，从而帮助龙某成功戒毒。

在戒毒过程中，"家庭—社工联防"就好比一场接力赛，家庭和社工在不同阶段发挥着关键作用，一棒接一棒地护送着戒毒者走向康复的终点。

四、实战应对：高危情境的破解之道

在戒毒者的日常生活中，难免会遇到一些高危情境，这些情境如同隐藏在暗处的猛兽，随时可能对他们的戒毒成果发起攻击。掌握有效的应对方法，是戒毒者在面对这些高危情境时保护自己的关键。接下来，我们将从遭遇毒友和情绪崩溃这两种常见的高危情境入手，详细介绍相应的破解之道。

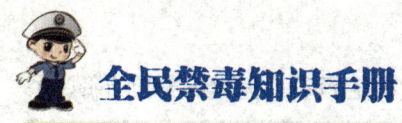

（一）遭遇毒友：紧急方案

当戒毒者遭遇毒友时，情况往往十分危急，稍有不慎就可能被毒友诱惑而复吸。此时，一套有效的紧急方案就显得尤为重要。我们将从话术库和技术防护两个方面来探讨如何应对这种高危情境。

话术库： 邹某在遇到毒友邬某时，如果他能够运用"我在司法监控期，联系我会触发报警"这样的话术，就有可能避免被胁迫吸毒。这种话术一方面表明自己的处境，让毒友知道吸毒的风险，一旦被发现，不仅自己会受到法律制裁，毒友也难辞其咎。另一方面也给自己一个拒绝的理由，避免陷入被动。除了这一话术，还可以准备一些其他的拒绝话术，如"我已经彻底戒掉了，不想再碰这些东西，你也别再碰了""我现在生活很好，不想因为吸毒毁了一切"等。这些话术简洁明了，既表达了自己的态度，又不会引起毒友的反感。同时，戒毒者在使用这些话术时，要注意语气和表情，保持坚定和自信，让毒友清楚地知道自己的决心。熟练运用这些话术，能够在关键时刻帮助戒毒者巧妙地拒绝毒友的诱惑，保护自己免受毒品的侵害。

技术防护： 严某在戒毒后没有采取有效的技术防护措施，手机没有开通白名单模式，导致毒友能够轻易联系到他。最终，他在与毒友的接触中失联，被警方强制收戒。这一案例告诉我们，戒毒者可以通过开通手机白名单模式，只允许亲属、社工等信任的人联络，从而减少与毒友的接触机会。此外，还可以利用手机的定位功能，设置地理围栏，一旦进入曾经吸毒的区域或与毒友相关的地点，手机就会发出警报。同时，要定期清理手机中的联系人、短信和通话记录，删除与毒友相关的信息，避免受到不良信息的干扰。技术防护是一种有效的防复吸手段，戒毒者要充分利用现代科技，为自己的戒毒之路保驾护航。这就如同给手机加上了一层坚固的防护盾，阻挡外界的不良干扰，确保自己在安全的环境中继续保持戒毒成果。

（二）情绪崩溃：自救指南

情绪崩溃是戒毒者在康复过程中经常面临的挑战，此时他们的心理防线最为脆弱，容易产生复吸的念头。掌握有效的自救方法，能够帮助他们在情绪崩溃时及时调整心态，避免复吸。下面我们将从生理调节和司法援助两个方面来介绍情绪崩溃时的自救指南。

生理调节： 4-7-8 呼吸法是一种简单有效的生理调节方法。当戒毒者情绪崩溃、毒瘾发作时，可以采用这种呼吸法，即 4 秒吸气，让空气充满腹部，感受腹部的膨胀；7 秒屏息，保持呼吸的稳定；8 秒呼气，缓慢地将空气呼出，感受腹部的收缩。通过这种有节奏的呼吸，能够调节身体的生理状态，缓解焦虑情绪，降低对毒品的渴求。除了 4-7-8 呼吸法，还可以采用其他的生理调节方法，如渐进性肌肉松弛法。先从脚部开始，逐渐收紧和放松身体的各个部位，通过肌肉的紧张和放松来缓解身体的紧张感和焦虑情绪。同时，也可以进行一些简单的运动，如散步、瑜伽等，运动能够促进身体分泌内啡肽等神经递质，改善情绪状态，增强心理韧性。这些生理调节方法就像是给自己的情绪按下了暂停键，让自己在情绪的狂风暴雨中找到一个避风港，稳定情绪，重新找回内心的平静。

司法援助： 戒毒者在情绪崩溃时，可以拨打辖区戒毒热线。一旦拨通热线，相关部门会立即启动临时庇护所收容程序，为戒毒者提供一个安全的环境，避免他们在情绪失控的情况下复吸。同时，司法援助还包括法律援助、心理咨询等方面。当戒毒者遇到法律问题时，法律援助机构可以为他们提供免费的法律咨询和代理服务，帮助他们维护自己的合法权益。心理咨询师则可以通过电话或面对面的方式，为戒毒者提供心理疏导和支持，帮助他们缓解情绪压力，解决心理问题。司法援助是戒毒者在遇到困难时的重要依靠，社会应该加强对司法援助的宣传和推广，让更多的戒毒者了解并能够及时获得帮助。这就像是在黑暗中为戒毒者点亮了一盏明灯，指引他们走出困境，重新回到正常生活的轨道。

五、终身防御：科技与制度的保障

构建终身防御体系是帮助戒毒者彻底摆脱毒品阴影的关键，而科技与制度则是实现这一目标的重要保障。通过科技赋能实现动态监测，以及依靠制度保障进行阶段防御，能够为戒毒者提供全方位、持续性的支持。接下来，我们将详细探讨这两个方面的内容。

（一）动态监测：科技赋能

随着科技的飞速发展，先进的技术手段为戒毒工作带来了新的突破。司法智能手环和区块链尿检存证作为两种具有代表性的科技应用，在动态监测戒毒者状态、预防复吸方面发挥着重要作用。

司法智能手环：深圳正在试点使用的司法智能手环，其功能也在不断得到拓展和深化。除了能够实时监测戒毒者的皮肤电反应，如今还集成了心率、血压等多参数监测功能。当戒毒者面临毒品诱惑时，其心率可能会加快，血压也会出现波动，这些生理指标的变化能更全面地反映其心理应激状态。通过对这些数据的综合分析，预警准确率得以进一步提升，目前已从最初的91%有望提升至95%以上。一旦监测到异常数据，手环会自动推送高危警报给相关监管人员，监管人员可根据具体情况及时采取干预措施，如安排心理辅导、加强实地走访等，确保戒毒者在关键时刻得到有效的支持和引导。司法智能手环就像是一个贴身的健康和行为管家，时刻关注着戒毒者的身心状态，一旦发现异常，便迅速发出警报，为戒毒者的康复保驾护航。

区块链尿检存证：随着区块链技术在禁毒领域的深入应用，区块链尿检存证的作用越发凸显。在广州陈某因复吸依托咪酯被强制隔离的案例中，区块链技术保证了尿检数据的绝对真实性和不可篡改。这不仅为司法部门提供了铁证，在后续陈某的戒毒康复过程中，区块链存证的数据还成为其信用修复的关键依据。当陈某积极配合戒毒治疗，连续多次尿检结果呈阴性时，这些数据通过区块链的记录和展示，相关部门可依据此为其提供信用修复的机会，例如在就业推荐、社会福利申请等方面给予一定的便利，激励他保持戒毒成果，重新融入社会。同时，区块链技术还可实现数据的共享和可追溯，不同地区的戒毒机构、司法部门等都能在授权的情况下获取相关数据，形成全方位的戒毒监管网络。区块链尿检存证就像是一本公正、透明且不可篡改的账本，记录着戒毒者的戒毒历程，为他们的康复和重新融入社会提供有力的支持。

（二）阶段防御：分步实施

戒毒是一个长期的过程，不同阶段面临着不同的风险和挑战。因此，制定针对性的阶段防御措施至关重要。以下将根据戒断的不同阶段，详细阐述核心风险以及相应的针对性措施（见表 5-1）。

表 5-1　戒断不同阶段的风险及应对措施表

戒断阶段	核心风险	针对性措施
0～3个月	生理戒断反应	武汉模式：每周司法医疗随访＋丁丙诺啡梯度递减。在这一阶段，戒毒者身体对毒品的依赖严重，会出现如肌肉酸痛、失眠、焦虑等戒断症状。丁丙诺啡作为一种阿片类部分激动剂，能有效缓解这些症状。医护人员会根据戒毒者的具体情况，制定个性化的药物递减方案，每周的司法医疗随访则能及时监测戒毒者的身体状况和药物反应，调整治疗方案，确保戒毒者平稳度过生理戒断期。此外，还会配合一些中医理疗手段，如针灸、按摩等，帮助戒毒者缓解身体不适，提高身体免疫力

（续表）

戒断阶段	核心风险	针对性措施
3～12个月	心理渴求高峰期	强制参加 VR 脱敏训练（每月 ≥ 4 次）。此时，戒毒者生理戒断反应逐渐减轻，但心理上对毒品的渴望却达到高峰。VR 脱敏训练通过模拟各种逼真的高危场景，如毒友聚会、毒品交易现场等，让戒毒者在虚拟环境中反复练习拒绝毒品的技巧。每次训练结束后，专业心理咨询师会与戒毒者进行复盘，分析他们在模拟场景中的应对方式，给予针对性的指导和建议，帮助他们不断提升心理防御能力。同时，还会开展心理讲座、小组辅导等活动，帮助戒毒者学习情绪管理、压力应对等心理技能，从根本上解决心理渴求问题
1 年以上	社会歧视引发的自我放弃	四川司法就业扶持：外卖、运输等"无犯罪记录豁免"岗位。戒毒者回归社会后，往往因犯罪前科面临社会歧视，就业困难。四川的司法就业扶持计划，为戒毒者提供了这些"无犯罪记录豁免"的岗位，让他们有机会重新开始。企业在参与该计划时，政府会给予一定的政策优惠，如税收减免、社保补贴等，鼓励企业接纳戒毒者。同时，还会为戒毒者提供职业技能培训，根据岗位需求提升他们的工作能力，帮助他们更好地适应工作环境，避免因社会歧视和就业困难而自我放弃，再次走上吸毒的道路。此外，社区也会组织志愿者活动，帮助戒毒者融入社区生活，消除社区居民对他们的误解和歧视

六、成功典范：重生的力量

在戒毒的道路上，有许多成功的典范，他们用自己的经历证明了戒毒者是可以重新回归社会，实现人生价值的。这些成功故事不仅为其他戒毒者带来了希望和勇气，也为我们展示了构建终身防御体系的重要性和有效性。接下来，我们将介绍两位成功典范的故事。

（一）从囚徒到创业者

陈某，曾经是一名甲基苯丙胺成瘾者，在监狱中度过了漫长的时光。

出狱后，他决心重新开始。他安装了手机地理围栏，确保自己避开原吸毒社区3公里以外，从源头上杜绝了接触毒品的机会。同时，他利用自己在狱中学习的汽车美容技术，创办了一家汽车美容店。在经营过程中，他不仅严格要求自己保持戒毒成果，还积极雇用了6名戒毒者，为他们提供工作机会和生活指导。他定期组织员工开展戒毒知识分享会，互相鼓励，共同成长。经过3年的努力，他和他的员工们都成功保持了戒毒成果，实现了从囚徒到创业者的华丽转身。

陈某的成功不仅改变了自己的命运，还为其他戒毒者树立了榜样，证明了只要有决心和行动，戒毒者完全可以重新回归社会，实现自己的人生价值。他的故事就像一束光，照亮了其他戒毒者前行的道路，让他们相信自己也能够摆脱毒品的束缚，创造美好的未来。

（二）家庭社区联防典范

北京的刘某家庭，在刘某戒毒过程中，发挥了至关重要的作用。全家签署《戒毒连带责任书》后，每个人都承担起了监督刘某的责任。他们建立了家庭尿检互助小组，定期对刘某进行尿检，同时关注他的心理状态。当刘某出现情绪波动或复吸倾向时，家人和社工及时介入。例如，有一次刘某因为工作压力大，心情低落，产生了复吸的念头。家人发现后，第一时间陪伴他，听他倾诉，社工也为他提供了专业的心理疏导。在家人和社工的共同努力下，成功阻断了他的复吸企图。

刘某家庭的成功经验，为其他家庭提供了宝贵的借鉴，强调了家庭在戒毒过程中不可替代的作用，家庭的关爱和支持是戒毒者战胜毒瘾的强大动力。这个家庭就像一个温暖的港湾，为刘某遮风挡雨，在他最脆弱的时候给予他力量，帮助他一步步走向康复。

预防复吸核心工具包

为了更好地帮助戒毒者预防复吸，可以准备一系列实用的工具，这些工具就像是他们在戒毒道路上的得力助手，能够帮助他们及时发现风险、获得援助并制订科学的防御计划。

复吸风险自测表：该自测表包含环境、心理、社交等 20 项指标，全面评估戒毒者的复吸风险。例如，"是否保留涉毒联系人"，如果戒毒者仍然与涉毒联系人保持联系，那么他的复吸风险就会大大增加；"是否知晓司法援助热线"，了解司法援助热线，在遇到困难时能够及时寻求帮助，降低复吸风险。此外，还包含如"近期生活压力评估""是否参加戒毒康复活动"等指标，从多个维度评估复吸风险，帮助戒毒者及时发现潜在问题，采取相应措施。复吸风险自测表就像是一面镜子，让戒毒者能够清晰地看到自己目前面临的复吸风险状况，从而有针对性地进行防范。

司法援助绿色通道清单：清单中详细列出全国 138 个紧急庇护所地址，如广州市潭岗强制隔离戒毒所、湖北襄城真武山街道中心等。这些紧急庇护所能够在戒毒者遇到危机时，提供及时的帮助和保护。除了提供临时住所，庇护所还配备了专业的医护人员、心理咨询师和社工，为戒毒者提供全方位的服务，包括身体康复治疗、心理辅导、就业指导等，帮助他们度过最艰难的时期。司法援助绿色通道清单就像是一张地图，为戒毒者在遇到危险时指明了可以寻求帮助的方向，让他们在困境中不再感到无助。

终身防御计划模板：该模板根据戒毒者的不同阶段，设定分阶段目标。例如，"第 1 月：删除毒友"，在戒毒初期，切断与毒友的联系是关键；"第 6 月：通过 VR 考核"，通过阶段性的目标设定，帮助戒毒者逐步建立起终身的复吸防御体系。后续阶段还包括"第 12 月：稳定就业""第 2 年：融入社区"等目标，引导戒毒者在不同时期朝着不同方向努力，持续巩固戒毒成果，最终实现完全回归社会的目标。终身防御计划模板就像是一个导航仪，为戒毒者规划出清晰的戒毒路线，使他们在漫长的戒毒过程中有明确的目标和方向，一步步走向成功。

（三）反面案例

李某的致命错误：李某在戒毒后，没有彻底清理毒友圈，仍然与一些毒友保持着联系。在一次与毒友的聚会中，他没能抵挡住诱惑，再次复吸。复吸后，他的妻子无法忍受他的行为，选择了离婚，年迈的父母为了帮他偿还因吸毒欠下的债务，不得不卖掉房子。

这一案例深刻地告诉我们，环境隔离与家庭监督缺一不可。戒毒者必须彻底切断与毒品相关的一切联系，同时家人要给予密切的关注和支持。在戒毒过程中，要同步启动物理隔绝与心理干预，帮助戒毒者从身体和心理上彻底摆脱毒品的控制。此外，社会也应加强对戒毒者的关怀和引导，营造包容的社会环境，减少戒毒者复吸的诱因。李某的经历就像一个警钟，时刻提醒着戒毒者和社会各界，戒毒之路充满挑战，任何一个环节的疏忽都可能导致前功尽弃，造成无法挽回的后果。这不仅关乎戒毒者个人的命运，更牵涉其家庭的幸福与社会的稳定和谐。

从李某的案例中，我们可以进一步剖析环境隔离的重要性。他未能彻底斩断与毒友的联系，使得那些危险的诱惑时刻围绕在身边。在与毒友聚会的场景中，熟悉的氛围、同伴的怂恿，都如同强大的旋涡，轻易地将他拉回了毒品的深渊。这警示我们，对于戒毒者而言，物理空间上的远离毒友和吸毒环境只是第一步，更重要的是在心理上也要坚定地与过去划清界限，拒绝任何可能引发复吸的社交场景。每一个毒友的存在，都像是一颗定时炸弹，随时可能在不经意间引爆，摧毁戒毒者努力构建的新生活。

家庭监督在戒毒过程中同样起着不可或缺的作用。李某的家人或许没有充分意识到他与毒友保持联系的危险性，未能及时察觉他的异常行为并加以干预。在戒毒者的康复过程中，家人需要时刻保持警惕，关注他们生活中的细微变化，从日常的情绪波动到社交圈子的变动，都可能是复吸的前兆。家人的关心和监督不应仅仅停留在表面的询问，更要深入戒毒者的内心世界，给予他们情感上的支持和鼓励，让他们感受到家庭的温暖和依靠，从而增强抵御毒品诱惑的内在动力。

物理隔绝与心理干预的同步进行是帮助戒毒者彻底摆脱毒品控制的关键。物理隔绝能够减少外界环境对戒毒者的直接刺激，降低接触毒品的机会；而心理干预则从根本上解决戒毒者内心对毒品的依赖和渴望，帮助他们重塑健康的心理状态和生活态度。这两者相辅相成，缺一不可。如果只注重物理隔绝，而忽视了心理层面的疏导，戒毒者很可能在内心的挣扎中再次陷入毒品的泥沼；反之，仅有心理干预，而未能创造一个安全的物理环境，戒毒者也难以抵御外界的诱惑。

社会的包容和关怀对于戒毒者的康复同样至关重要。社会的歧视和排斥往往会让戒毒者感到孤立无援，增加他们复吸的可能性。我们应该摒弃对戒毒者的偏见，给予他们重新融入社会的机会和支持。企业可以积极参与就业扶持计划，为戒毒者提供合适的工作岗位；社区可以组织各类活动，帮助戒毒者更好地融入社区生活，让他们感受到社会的接纳和尊重。只有全社会共同努力，营造一个包容、关爱的社会环境，才能真正减少戒毒者复吸的诱因，帮助他们走向新生。

　　避免复吸是一个长期而艰巨的任务，需要戒毒者自身的努力、家庭的支持、社会的关爱以及法律和技术的保障。只有构建起全方位、多层次的终身防御体系，才能帮助戒毒者彻底摆脱毒品的阴影，重新拥抱美好的生活。每一个环节都紧密相连，每一份力量都不可或缺。让我们共同为戒毒者的康复之路贡献力量，让他们能够在阳光下重新绽放生命的光彩，开启全新的人生篇章。

第六章
融入社会：
从"边缘"到"共生"

戒毒成功后如何顺利融入社会，这一关键环节，宛如在悬崖峭壁上搭建一座通向新生的桥梁，其重要性不言而喻。戒毒者在这条道路上，不仅要独自对抗内心如影随形的自卑、恐惧与自我怀疑，重新塑造对自我的认知，更迫切需要来自社会各个层面的接纳、理解与支持。只有构建起一个相互赋能、彼此成就、共同成长的"共生"环境，才能帮助他们实现从被社会边缘化的"边缘人"到积极参与社会建设的"社会共建者"的重大转变，开启一段充满希望与可能的新生活旅程。

一、法律框架与社会融入政策支持

法律是社会秩序的基石，也是保障戒毒者合法权益、助力其融入社会的有力武器。然而，在现实中，即便有完善的法律条文，戒毒者在就业、入学、享受社会保障等方面，真的能毫无阻碍地获得平等对待吗？这些法律政策在具体实施过程中，又面临着哪些困境？

（一）平等就业权保障

在戒毒人员重新融入社会的进程中，平等就业权的保障是关键一环。《中华人民共和国禁毒法》第 34 条明确规定："城市街道办事处、乡镇人民政府负责社区戒毒工作。城市街道办事处、乡镇人民政府可以指定有关基层组织，根据戒毒人员本人和家庭情况，与戒毒人员签订社区戒毒协议，落实有针对性的社区戒毒措施。公安机关和司法行政、卫生行政、民政等部门应当对社区戒毒工作提供指导和协助。城市街道办事处、乡镇人民政府，以及县级人民政府劳动行政部门对无职业且缺乏就业能力的戒毒人员，应当提供必要的职业技能培训、就业指导和就业援助。"这一法律规定犹如一座灯塔，明确要求政府部门积极作为，为戒毒人员提供职业技能培训、就业指导和就业援助，从而为他们铺就一条重返职场的道路。

以广东省的"新生岗位"计划为例，该计划充分展现了政府与企业携手合作的强大力量。通过联合众多企业开发保护性岗位，为戒毒人员创造了大量的就业机会。截至 2024 年，广东省已成功建成 98 个就业安置点，这些安置点宛如一个个温暖的港湾，为戒毒人员提供了稳定的工作环境，就业安置率高达 91.24%。这一数据不仅是对"新生岗位"计划的有力肯定，更是彰显了法律在保障戒毒人员平等就业权方面的积极作用。

《戒毒条例》第 7 条规定："戒毒人员在入学、就业、享受社会保障等方面不受歧视。对戒毒人员戒毒的个人信息应当依法予以保密。对戒断 3 年未复吸的人员，不再实行动态管控。"这一条款从多个维度保障了戒毒人员的合法权益，为他们重新融入社会创造了有利条件，也在为消除戒毒人员的标签化影响方面发挥着重要作用。

深圳的"城市共建者"认证试点便是一个极具创新性的实践案例。该试点巧妙利用区块链技术，为戒毒人员重建信用体系。在这个过程中，区块链技术的不可篡改、可追溯等特性，使得戒毒人员的信用记录得以公正、透明地呈现。通过这一认证，戒毒人员成功获得了物流、社区服务等多个领域的岗位。截至目前，该试点已累计为 54 人提供了宝贵的就业支持，帮助他们重新找回了生活的信心和尊严，也让社会看到了戒毒人员积极向上、努力重新融入社会的决心。

（二）社会救助与福利政策

社会救助与福利政策是戒毒者及其家庭在困境中的救命稻草，为他们提供基本的生活保障，帮助他们度过最艰难的时期。然而，这些政策在落地的过程中，是否能够精准地覆盖到每一个需要帮助的戒毒者家庭？在满足戒毒者及其家庭物质需求的同时，又该如何关注他们的精神需求，助力他们修复破损的家庭关系，重新找回生活的希望？

社会救助与福利政策是戒毒人员及其家庭在困境中得以喘息和重新出发的重要支撑。在云南，有这样一个家庭，他们在戒毒人员回归家庭的过程中，通过"家庭治疗日"这一特殊的方式，逐步修复了因吸毒而破损的家庭关系。依托《戒毒条例》第16条的社区戒毒协议制度，家庭成员与社工紧密合作，共同制订了详细的帮扶计划。在这个计划中，社工定期上门进行心理辅导，帮助家庭成员之间敞开心扉，化解矛盾；同时，针对戒毒人员的具体需求，提供生活物资援助和就业信息推荐。通过一系列的努力，该家庭的矛盾化解率达到了76%，这一显著的成效不仅让戒毒人员感受到了家庭的温暖和支持，也为其他面临类似困境的家庭提供了可借鉴的经验。

除了上述案例，在社会救助与福利政策的支持下，还有许多地区开展了针对戒毒人员家庭的专项帮扶行动。例如，某地区设立了"戒毒人员家庭关爱基金"，为那些因吸毒导致家庭经济困难的家庭提供经济援助，帮助他们解决生活中的燃眉之急。该基金自设立以来，已累计为200多个家庭提供了资金支持，平均每个家庭获得的援助金额为5000元左右，有效缓解了这些家庭的经济压力，让戒毒人员能够安心戒毒，为他们重新融入社会创造了良好的家庭环境。

二、心理调适：重塑自我认知——从"戒毒者"到"社会贡献者"

戒毒者在身体上摆脱毒瘾后，心理上的创伤与阴影却如影随形。内心深处的自卑、恐惧和自我怀疑，如同厚重的枷锁，束缚着他们重新融入社会的脚步。如何帮助他们打破这些心理枷锁，重塑积极的自我认知，从认为自己是毫无价值的"戒毒者"，转变为能够为社会作出贡献的"社会贡献者"呢？下面的故事或许能给我们一些答案。

（一）阿杰的"技能觉醒"之路

阿杰从戒毒所出来后，被自我否定和愧疚深深笼罩，觉得自己是社会的弃儿。但一次偶然的机会，让他发现了自己隐藏的技能。这不禁让我们思考，在众多戒毒者中，还有多少人拥有尚未被发掘的潜力？我们又该如何引导他们发现自身优势，重新找回生活的信心和价值？

阿杰踏出戒毒所的那一刻，手里紧紧攥着的释放证明，在他眼中却好似有一副沉重的枷锁，压得他喘不过气来。父亲那句冰冷刺骨的"你这辈子废了！"如同恶魔的诅咒，在他的耳畔反复回响，挥之不去。此时的他，内心被自我否定和深深的愧疚填满，觉得自己已然成为社会的弃儿，未来的道路被无尽的黑暗笼罩，看不到一丝光亮。

在极度的迷茫与无奈之下，阿杰选择来到工地，干起了搬砖的重体力活。每天，他都在繁重的体力劳动中拼命挣扎，试图用身体的疲惫来麻痹自己的内心，逃避那些如潮水般涌来的痛苦回忆和自我怀疑。就这样，日子一天天过去，三个月的时光转瞬即逝，阿杰如同行尸走肉般，在麻木中度过每一天。

直到社区社工老李的出现，如同一束光照进了阿杰黑暗的世界。老李递给他一张《优势发现问卷》，这份看似普通的问卷，却悄然改变了阿杰的生活轨迹。问卷上的问题，像是一把把钥匙，逐渐打开了阿杰内心深处那扇尘封已久的大门。

问题5：你曾解决过什么生活难题？阿杰犹豫了许久，脑海中浮现出在戒毒所的那段日子。他缓缓拿起笔，写下："在戒毒所帮狱友修好了收音机。"那时的他，或许从未想过，这个不经意间的小小举动，竟然隐藏着他尚未被发掘的巨大潜力。

问题6：你收到过哪些真诚的感谢？阿杰愣在原地，思绪不由自主地飘回到戒毒所。狱友老吴那真挚的话语仿佛就在耳边响起："多亏你，我才能听到女儿出生的消息。"那一刻，阿杰的心中涌起一股复杂的情绪，有感动，有欣慰，更多的是对自身价值的重新审视。

一周后，老李带着阿杰参加"社区便民服务日"。活动现场热闹非凡，人来人往。阿杰看到王大妈家的老式电风扇坏了，周围的人围了一圈，却都束手无策，不知如何是好。阿杰心中突然一动，一股莫名的勇气涌上心头，他鼓起勇气，缓缓走上前去，轻声说道："大妈，我来试试吧。"只见他专注地摆弄着电风扇的零件，凭借着曾经修理收音机积累的那点经验，全神贯注地投入修理工作中。时间一分一秒地过去，仅仅用了20分钟，阿杰就成功地让电风扇重新转动起来。王大妈紧紧地抓着阿杰的手，满是感激地说道："小伙子，你这手艺比专业师傅还灵！"这句称赞如同一声惊雷，在阿杰的心中炸开，成为他人生的重要转折点。

（二）小李用绘画寻找新生

小李在戒毒成功后，陷入自我否定的泥沼，认为生活毫无意义。然而，一次艺术展览改变了他的人生轨迹。这使我们不禁要问，艺术等兴趣爱好在戒毒者心理调适和自我认知重塑过程中，究竟能发挥怎样的作用？我们又该如何为戒毒者提供更多接触和发展兴趣爱好的机会？

小李在戒毒成功后，一直深陷自我否定的泥沼，觉得自己一无是处，生活毫无意义可言。每天，他都在浑浑噩噩中度过，对未来感到迷茫和恐惧。

一次偶然的机会，社区举办艺术展览，鼓励居民积极参与。小李的脑海中突然闪过自己在戒毒所无聊时随手画过的一些画，抱着试试看的心态，他决定提交自己的作品。没想到，他的画作以独特的视角和细腻的情感打动了评委，竟然获得了三等奖。

在展览现场，人潮涌动，许多观众都被小李的作品吸引，对他的作品赞不绝口，还有人主动询问小李，是否可以购买他的画作。这突如其来的认可，让小李感到无比震惊和激动。他第一次意识到，自己原来还有这样的才能，能够得到他人的欣赏和肯定。

从那以后，小李仿佛变了一个人。他开始积极参加各种绘画活动，还报名参加了绘画培训班，努力提升自己的绘画技艺。在绘画的世界里，小李找到了属于自己的一片天地，他用画笔描绘着自己的新生活，也为其他戒毒者树立了一个榜样。

（三）认知重构行动

通过鼓励戒毒者使用"我能做到"清单发现隐藏优势，以及建立新身份叙事等方式，许多戒毒者逐渐实现了自我认知的转变。但在实际操作中，这些方法的推广和实施面临着哪些困难？如何才能让更多戒毒者受益于这些认知重构行动，真正实现从"戒毒者"到"社会贡献者"的蜕变？

发现隐藏优势：鼓励戒毒者使用每日记录"我能做到"清单这一工具，引导他们关注自身的点滴成就。就像阿杰，除了修电器这一技能，他还留意到自己能敏锐地察觉工友情绪低落，并成功安慰他们。这些看似微不足道的举动，实际上都是他们自身优势的体现。通过持续记录，戒毒者能逐渐发现自己的价值，自信心也会在这个过程中不断增强。

建立新身份叙事：阿杰的自我定义在短短三个月内发生了翻天覆地的变化。刚出戒毒所时，他深陷自我否定的泥沼，认为自己是个毫无价值的吸毒犯；但随着不断发挥修理电器的技能，为社区居民解决问题，三个月后，他自豪地将自己定义为"社区电器医生"。这种身份叙事的转变，让阿杰重新找到了生活的方向和意义，也让他对未来充满了期待。

社会支持衔接：社区敏锐地捕捉到阿杰的才能，为其提供免费摊位，挂牌"阿杰便民维修站"。在这个小小的摊位上，阿杰开启了全新的生活。开业第一个月，他就修理电器 47 件，凭借精湛的技术和热情的服务，收到了 23 封感谢信。这些感谢信不仅是对他手艺的认可，更是对他努力改变的肯定。同时，企业了解到阿杰的故事后，纷纷捐赠二手工具，助力他的事业。街道办也将他的事迹刊登在《社区好人好事》专栏，让更多人了解到他的蜕变，阿杰逐渐成为社区的榜样，激励着更多戒毒者积极面对生活。

三、身份重塑：从"边缘人"到"社会共建者"

戒毒者曾经因吸毒行为被社会边缘化，成为他人眼中的"边缘人"。但他们内心深处同样渴望被接纳、被尊重，渴望重新回归社会，成为积极的"社会共建者"。那么，他们该如何突破社会的偏见与刻板印象，实现身份的重塑呢？以下的案例将为我们提供借鉴。

（一）小林的双重身份

小林曾经是一名受人尊敬的教师，却因吸毒失去了教职。戒毒后的他，通过参与"社会导师计划"，重新找回了自己的价值和社会角色。这让我们思考，社会应该如何为戒毒者提供更多身份重塑的机会和平台？如何让他们在为社会作出贡献的同时，也能重新获得社会的认可和尊重？

小林，曾经是一名备受学生喜爱的中学教师，他站在讲台上，用知识和爱心浇灌着祖国的花朵，享受着教书育人的快乐。然而，一次意外的诱惑，让他陷入了毒品的深渊，从此失去了宝贵的教职。

　　戒毒后的小林，内心充满了悔恨和迷茫，他觉得自己犯下了不可饶恕的错误，不知道自己还能在社会中扮演什么角色。每天，他都在痛苦和自责中度过，对未来失去了信心。

　　然而，一次偶然的机会，他参与了"社会导师计划"，成为青少年禁毒教育基地的讲解员，从此开启了他的身份重塑之旅。

　　首次讲课（2021 年 3 月）

　　站在讲台上，面对 200 名朝气蓬勃的学生，小林紧张得后背湿透，双手微微颤抖。他深知自己肩负着重要的责任，每一句话都可能影响这些孩子的未来。当他讲到"吸毒让我错过女儿出生"时，那些痛苦的回忆如潮水般涌上心头，声音也不禁颤抖起来。台下的学生们被他的真诚打动，传来阵阵啜泣声。这一刻，小林意识到自己的经历能够成为警示他人的力量，他的内心也涌起一股坚定的信念：一定要用自己的故事，让更多的孩子远离毒品。

　　身份突破（2022 年 9 月）

　　在某中学的演讲结束后，校长被小林的专业讲解和深刻感悟折服，主动上前邀请："林老师，能否每月来给教师做禁毒培训？"这句邀请，如同一束光，照亮了小林前行的道路。它不仅是对小林工作的高度认可，更意味着他重新获得了社会的尊重和信任，曾经失去的教师身份，以一种全新的方式得以回归。小林激动得热泪盈眶，他知道，自己的努力没有白费，未来的道路也变得更加清晰。

（二）老张的社区守护者之路

　　老张戒毒成功后，主动申请成为社区志愿者治安巡逻员，用自己的行动赢得了社区居民的信任和尊重。但在这个过程中，他也面临着居民的质疑和异样眼光。那么，戒毒者在融入社区的过程中，该如何应对这些挑战？社区又该如何营造包容的氛围，帮助他们顺利实现身份转变？

老张戒毒成功后，一直想为社区做点什么，他渴望通过自己的行动，重新赢得社区居民的信任和尊重。他发现社区里的治安存在一些问题，于是主动向社区申请成为一名治安巡逻员志愿者。

起初，居民们对他还心存疑虑，毕竟他有吸毒的过去。走在社区里，老张能感觉到人们异样的眼光，听到背后的窃窃私语，但他并没有在意这些眼光，每天按时巡逻，认真负责。他仔细检查社区的每一个角落，不放过任何一个安全隐患。

有一次，他在巡逻时发现一名形迹可疑的人员，经过仔细观察和询问，成功阻止了一起盗窃案件的发生。这件事让居民们对他刮目相看，大家开始认可他的工作。随着时间的推移，老张在社区里的威望越来越高，他还组织了一支志愿者队伍，定期开展安全知识讲座和消防演练。如今，老张已经成为社区里不可或缺的一员，他用自己的行动守护着社区的安宁，也重新找回了自己的价值。

（三）自强自信行动指南

小林通过"小目标—大目标"实践和自信里程碑奖励等方式，逐渐实现了身份的重塑和自我价值的提升。但对于不同背景和经历的戒毒者，这些方法是否具有普适性？我们又该如何根据他们的个体差异，制定个性化的自强自信行动指南，助力他们更好地融入社会？

"小目标—大目标"实践：小林从每周在社区讲 1 次课开始，迈出了他重新融入社会的第一步。尽管首次听众仅有 5 位老人，但他并没有气馁，而是认真对待每一次讲课机会，不断提升自己的表达能力和讲解技巧。他精心准备每一堂课，查阅大量资料，结合自己的亲身经历，让讲解内容更加生动、真实。随着经验的积累和口碑的传播，他逐渐在禁毒教育领域崭露头角。他的大目标是两年内成为市级禁毒教育讲师，为了实现这个目标，他刻苦钻研禁毒知识，积极参加各类培训和比赛。终于，在2023年，他成功实现了这个目标，成为许多戒毒者学习的榜样。

自信里程碑奖励：小林为自己设定了一系列自信里程碑奖励，每完成一个重要目标，就给自己一个小奖励，激励自己不断前进。完成10次演讲后，他带着女儿去动物园，享受难得的亲子时光，看着女儿开心的笑容，他觉得所有的努力都是值得的；收到学校聘书时，他购买了专业扩音器，这不仅是对自己工作的投资，更是对自己能力的肯定。这些奖励如同一个个加油站，让小林在身份重塑的道路上充满动力，不断向着更高的目标迈进。

四、社会支持系统：构建"接纳—赋能—共生"网络

戒毒者的社会融入，离不开社会支持系统的构建。一个接纳、赋能、共生的社会环境，能够为他们提供强大的动力和支持。然而，在现实社会中，构建这样的网络并非易事。企业、社区等社会主体，在接纳戒毒者的过程中，会遇到哪些困难和顾虑？又该如何克服这些障碍，实现戒毒者与社会的和谐共生呢？

（一）广州"共生社区"实验

在广州"共生社区"实验中，服装厂开设"新生车间"，社区打造"共享菜园"，为戒毒者提供了融入社会的平台。但在这个过程中，企业和社

区也面临着诸多挑战，如员工的接纳度、产品的认可度等。那么，他们是如何克服这些困难，实现戒毒者与企业、社区的共同发展呢？这一实验又能为其他地区提供哪些宝贵的经验？

企业端：服装厂开设"新生车间"

小周（化名）怀着忐忑的心情入职服装厂的"新生车间"，这里的每一个人都有着和他相似的经历，大家都渴望在这里重新开始，找回生活的希望。入职首日，师傅老赵的话让小周心中一暖："我不管你们以前干啥，在这只比谁缝纫针脚细！"这句话让小周感受到了平等和尊重，也激发了他的斗志。

在接下来的工作中，小周刻苦钻研缝纫技术，不断尝试创新。他每天早早来到车间，很晚才离开，反复练习每一个针法。三个月后，他发明了"双线加固法"，使牛仔裤的破损率下降了15%，为企业节省了大量成本。他的努力和才华得到了企业的高度认可，获颁"技术革新奖"。这个奖项不仅是对他个人的肯定，更是对整个"新生车间"的鼓励，让更多戒毒者看到了自己的价值和未来的希望。

社区端："共享菜园"改造实录

"共享菜园"的改造并非一帆风顺。起初，居民李阿姨的质疑如同一盆冷水，浇灭了戒毒者们的热情："他们种的菜能吃吗？"面对质疑，戒毒者老陈没有退缩，而是在菜园立牌："每日自检农药残留，欢迎监督！"他带领其他戒毒者，每天认真照料菜园，严格控制农药使用量，定期检测蔬菜的农药残留。

随着时间的推移，戒毒者们精心照料菜园，蔬菜茁壮成长。半年后，社区食堂推出"新生套餐"，80%的食材都来自"共享菜园"。当居民们品尝到新鲜、健康的蔬菜时，他们对戒毒者的态度也发生了180度大转变，从质疑到接纳，再到支持，"共享菜园"成为戒毒者与社区居民和谐共生的桥梁。

（二）某电子厂的包容与成长

深圳某电子厂为戒毒者提供培训课程和工作机会，帮助他们融入集体。在这个过程中，同事的帮助和包容起到了关键作用。但如何让更多企业具备这种包容精神，为戒毒者提供公平的就业机会？企业在接纳戒毒者后，又该如何建立有效的管理和支持机制，促进他们的成长和发展？

在深圳的一家电子厂，同样开展了接纳戒毒者的项目。电子厂为戒毒者提供了专门的培训课程，帮助他们掌握电子元件组装技术。小王就是其中一名戒毒者，刚入职时，他对电子技术一窍不通，经常犯错。但同事们并没有嘲笑他，而是耐心地指导他。

在大家的帮助下，小王逐渐熟练掌握了技术，工作效率越来越高。他每天主动加班学习，不断提升自己的技能水平。有一次，工厂接到一个紧急订单，时间紧任务重。小王主动提出加班，和同事们一起奋战了几个通宵，最终按时完成了订单。这次经历让小王赢得了同事们的尊重和信任，他也更加融入这个集体。如今，小王已经成为车间的技术骨干，他还经常帮助新来的戒毒者适应工作环境，形成了良好的互助氛围。

（三）数据支撑

参与企业员工保留率和社区投诉率等数据，直观地反映了社会支持系统对戒毒者融入社会的积极影响。但这些数据背后，还隐藏着哪些深层次的问题？我们又该如何根据这些数据，进一步优化社会支持系统，提高戒毒者的融入效果？

参与企业员工保留率：高达 82%，远高于行业平均的 46%。这一数据充分表明，当企业给予戒毒者平等的机会和尊重，为他们提供良好的工作环境和发展空间时，戒毒者能够充分发挥自己的潜力，对企业产生强烈的归属感和忠诚度。

社区投诉率下降：从每月 5.3 次降至 0.7 次，这一显著变化反映出"共生社区"实验的成功。通过一系列的举措，戒毒者与社区居民之间的关系得到了极大改善，社区氛围更加和谐，大家共同为建设美好的家园而努力。

五、可持续发展：从"被救助"到"创造价值"

戒毒者融入社会的最终目标，是实现可持续发展，从单纯的"被救助"转变为能够"创造价值"。这不仅关乎戒毒者个人的尊严和未来，也对社会的稳定和发展具有重要意义。那么，如何帮助戒毒者在经济上实现自立，在社会中找到自己的价值定位，实现可持续发展呢？以下的案例将为我们提供一些思路。

（一）宁夏"沙漠变果园"奇迹

老马参与的宁夏"沙漠变果园"项目，让戒毒者在改造沙漠的过程中，实现了自我价值的提升和经济的独立。但在这个项目中，他们面临着自然环境恶劣、技术难题等诸多挑战。他们是如何克服这些困难，实现从沙漠到果园的奇迹转变的？这一模式又能否在其他地区推广，以帮助更多戒毒者实现可持续发展？

2019 年，老马带着改变自己和回馈社会的决心，在荒漠中栽下了第一批枸杞苗。然而，恶劣的自然环境给了他沉重的打击，枸杞苗成活率仅

11%。看着大片枯萎的幼苗，老马蹲在地头，泪水夺眶而出，他觉得自己又一次失败了，对未来充满了绝望。

但老马并没有被困难打倒，他和小组成员们日夜钻研，不断尝试新的种植方法。他们查阅大量资料，请教农业专家，经过无数次的试验，终于在 2020 年发明了"草方格固沙法"，这一创新方法使得枸杞苗的成活率大幅提升至 67%。老马也因其出色的表现，被聘为技术指导员，这不仅是对他技术的认可，更是对他努力的肯定。

随着枸杞园的规模不断扩大，老马的责任感也越来越强。2022 年，他用"新生基金"开设合作社，带领 20 户家庭脱贫致富。在接受央视采访时，老马感慨地说："沙漠能变绿洲，人更能！"这句话不仅是他的心声，更是所有戒毒者的心声，激励着无数人勇敢面对生活的挑战，实现自我价值。

为了让枸杞产业实现可持续发展，老马和团队在产业链创新方面下足了功夫。在产品包装设计上，每袋枸杞都附上二维码，消费者扫码即可看到种植者的重生故事。这一创新举措不仅增加了产品的附加值，更让消费者对枸杞的来源和背后的故事有了更深入的了解，复购率提升了 300%。

同时，"新生基金"的规则也为戒毒者的未来发展提供了保障。利润的 30% 存入个人账户，锁定 3 年，有效防止了冲动消费。这笔资金可用于支付购房首付款、技能培训、子女教育等重要事项，为戒毒者的生活和发展提供了坚实的经济支持。

（二）云南某戒毒康复农场中的蜕变

云南某戒毒康复农场通过茶叶种植和加工，让戒毒者实现了从被救助到创造价值的转变。但在市场竞争激烈的环境下，他们如何保证产品的质量和市场竞争力？如何进一步拓展产业链，提高戒毒者的收入和生活水平，

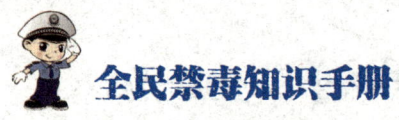

实现戒毒康复农场的可持续发展？

在云南，有一个戒毒康复农场，戒毒者们在这里参与茶叶种植和加工。起初，由于缺乏经验，茶叶的产量和质量都不尽如人意。但在专业技术人员的指导下，戒毒者们努力学习种植和加工技术，不断改进方法。

他们每天早早起床，精心照料茶树，学习茶叶采摘的技巧，研究茶叶加工的工艺。经过几年的努力，他们种植的茶叶品质越来越好，还创立了自己的品牌。为了拓展销售渠道，戒毒者们还学习电商运营知识，通过网络平台将茶叶销售到全国各地。如今，这个戒毒康复农场不仅实现了经济上的自给自足，还带动了周边地区的经济发展。许多戒毒者在这里找到了自己的价值，实现了从"被救助"到"创造价值"的转变。

六、效果验证：当数字开始说话

我们采取了一系列措施帮助戒毒者融入社会，那么这些措施究竟有没有取得实效？又该如何衡量这些成效呢？接下来，让我们通过具体的数据和戒毒者的亲身经历，来验证这些融入计划的实际效果。这些数据和故事，不仅能让我们看到戒毒者的巨大变化，也能为我们今后的工作提供有力的参考和依据。

（一）苏州工业园区数据对比（2020—2023）

苏州工业园区的数据对比，清晰地展示了参与融入社会计划的戒毒者在月均收入、家庭关系改善率、社区活动参与次数等方面的显著进步。但这些数据的背后，还存在哪些问题和不足？我们又该如何根据这些数据，进一步优化融入计划，让更多戒毒者受益？

表6-1　融入社会计划对比数据表

指　标	参与计划者（200人）	未参与者（150人）
月均收入	3860元	无稳定收入
家庭关系改善率	89%	23%
社区活动参与次数/年	27次	2次

　　从表6-1的数据中，我们可以清晰且直观地洞察到，参与融入社会计划的戒毒者在多个关键维度上都取得了令人瞩目的显著进步。月均收入达到3860元，实现了从经济上的依赖他人到经济独立的转变，这不仅为他们的生活提供了物质保障，更赋予了他们尊严和自信。家庭关系改善率高达89%，意味着他们重新找回了家庭的温暖与支持，修复了曾经因吸毒而破碎的亲情纽带。社区活动参与次数从每年2次提升至27次，彰显出他们积极融入社会，主动参与社区建设，不再是被社会遗忘的角落，而是成为社区活力的贡献者。这些数据有力地证明了科学合理的融入计划能够切实改变戒毒者的生活轨迹，助力他们重新回归正常生活。

（二）戒毒者心声墙

　　戒毒者的心声，是他们内心世界的真实写照，也是对融入社会计划效果的生动诠释。从他们的话语中，我们能感受到他们重新获得社会认可和尊重后的喜悦与自豪。但这些心声也反映出，戒毒者在融入社会的过程中，仍然面临着许多困难和挑战。我们该如何进一步关注他们的需求，为他们提供更贴心的帮助和支持？

　　送外卖第一个五星好评，我截图设成手机壁纸。

——某平台骑手　阿勇

对于阿勇来说，这个五星好评不仅是顾客对他服务的认可，更是他重新融入社会的一个标志，代表着他的努力和付出得到了他人的肯定。每一次接单，每一次按时送达，背后都是他克服重重困难的坚持，而这颗闪耀的五星，是他在新生活道路上的勋章。

女儿家长会上，老师让我分享教育心得，我手抖得粉笔都拿不住。

——社区志愿者　红姐

红姐的经历体现了戒毒者在重新获得社会尊重和信任后的激动与自豪。曾经，她因吸毒而陷入人生低谷，觉得自己不配拥有幸福和尊重。而如今，能够在女儿的家长会上分享教育心得，这是她曾经不敢想象的事情，如今却成为现实，这让她深刻感受到了自己的价值和生活的美好。

"当你用双手创造价值时，伤疤会成为勋章。这世界或许不会轻易原谅你的过去，但一定会尊重现在的你。"

这句质朴而有力的话语，道出了无数戒毒者的心声。他们在戒毒的道路上历经磨难，曾经的错误成了他们心中的伤疤。但当他们凭借自己的努力重新站起来，用双手创造价值时，那些伤疤反而成为他们坚韧不拔的象征，赢得了社会的尊重和认可。

（三）社会的持续责任

戒毒者的社会融入是一项长期而艰巨的任务，需要社会各界的持续努力。虽然我们已经取得了一些成绩，但仍然任重道远。那么，在未来的工作中，企业、社区和政府应该如何发挥各自的作用，形成强大的合力，共同推动戒毒者的社会融入工作？我们又该如何建立长效机制，确保戒毒者能够真正实现从"边缘"到"共生"的转变？

戒毒者的社会融入之路虽然充满挑战，但绝非不可逾越。这不仅需要戒毒者自身具备坚定的信念和顽强的毅力，勇敢地面对内心的恐惧和外界的压力，更需要整个社会给予充分的支持与包容。企业应继续秉持平等与关爱的原则，为戒毒者提供更多的就业机会和职业发展空间，让他们能够凭借自己的双手创造价值，实现自我救赎。社区要发挥基层组织的力量，积极组织各类活动，促进戒毒者与居民之间的交流与互动，消除歧视和偏见，营造和谐共生的社区氛围。政府则需要从政策层面给予支持，加大对戒毒康复和社会融入项目的投入，完善相关法律法规，保障戒毒者的合法权益。

七、监督评估与长效机制

为了确保戒毒者能够顺利融入社会，我们不仅要采取有效的措施，还要建立完善的监督评估与长效机制。只有这样，我们才能及时发现问题，调整策略，为戒毒者提供持续的支持和保障。那么，在监督评估方面，我们应该关注哪些关键指标？又该如何建立长效机制，让戒毒者的社会融入工作常态化、制度化呢？

（一）科技赋能信用重建

科技赋能信用重建，为戒毒人员的信用修复带来了新的契机。但在实际应用中，区块链技术等科技手段还面临着哪些技术难题和社会接受度的挑战？如何通过公众教育与反歧视行动，提高社会对戒毒人员的包容度，为他们的信用重建创造良好的社会环境？

重庆司法系统引入区块链技术，为戒毒人员的信用重建带来了新的突破。通过将戒毒人员的工作表现、志愿服务等数据上链，实现了数据的不可篡改和可追溯。这一举措使得戒毒人员的信用记录更加真实、公正，为他们获得贷款、租房等权益提供了有力的支持。截至目前，已累计为 127 人修复了信用记录，帮助他们顺利解决了生活中的诸多难题。例如，戒毒人员王某在申请贷款创业时，由于之前的吸毒记录，银行对他的信用情况存在疑虑。但通过区块链技术上的信用记录，银行看到了他在戒毒后的积极表现和努力工作的态度，最终为他提供了 10 万元的贷款，帮助他成功开启了创业之路。

（二）公众教育与反歧视行动

福建周宁县的"无毒有鲤"禁毒教育基地将禁毒教育与文旅宣传巧妙融合，成为当地的一张亮丽名片。2024 年，该基地接待游客 8 万人次，通过丰富多彩的展览、互动体验等形式，向游客普及禁毒知识，提高了公众对毒品危害的认识。其中，青少年毒品认知正确率提升至 92%，这一数据充分表明了公众教育在预防毒品犯罪方面的重要作用。

除了周宁县的案例，在其他地区也开展了形式多样的公众教育与反歧视行动。例如，某城市开展了"禁毒宣传进万家"活动，组织志愿者深入社区、学校、企业等场所，发放禁毒宣传资料，举办禁毒知识讲座。通过这些活动，增强了公众的禁毒意识，以及社会对戒毒人员的理解和包容。据调查，参与"禁毒宣传进万家"活动的社区居民对戒毒人员的歧视态度明显改善，愿意接纳戒毒人员回归社区的比例提升了 35% 左右。

此外，一些媒体也积极参与到公众教育与反歧视行动中，通过报道戒毒人员成功戒毒、重新融入社会的案例，展现他们积极向上的一面，引导社会公众消除对戒毒人员的偏见和歧视。某媒体制作的系列报道《重生之路——戒毒人员的新人生》，播出后引起了社会的广泛关注，许多观众表示通过这些报道，对戒毒人员有了新的认识，愿意给予他们更多的支持和帮助。

在未来，我们还需要进一步加强监督评估与长效机制的建设。一方面，要建立更加完善的戒毒人员动态追踪系统，实时掌握他们的戒毒情况、就业状况和社会融入程度，及时调整帮扶措施；另一方面，要持续开展公众教育与反歧视行动，营造全社会关心、支持戒毒人员重新融入社会的良好氛围。只有这样，才能真正帮助戒毒人员实现从"毒瘾缠身"到"重获新生"的转变，让他们重新回归社会，成为对社会有用的人。

戒毒者的社会融入之路充满了挑战，但只要他们勇敢面对，社会给予充分的支持与包容，他们一定能够重新找回生活的阳光，实现从"边缘"到"共生"的华丽转身。让我们共同努力，用爱和包容为戒毒者搭建一座回归社会的桥梁，让社会文明的温度温暖每一个角落。